公文書は誰のものか?

公文書管理について考えるための入門書

榎澤幸広・清末愛砂 編集代表
飯島滋明・池田賢太・奥田喜道・永山茂樹 編

現代人文社

はじめに

　本書は、モリカケ問題やイラク日報問題など、ここ数年ニュースなどで頻繁に取り上げられている公文書の隠蔽や偽造などの事例が法的にどのような問題をもつものなのか、それらをどう改善すべきなのか、解説・検討する入門書です。
　公文書の重要性を理解してもらうために、まずは実際に報道された新聞の見出しを見てください。

「GDP 実質 1.4％増　10 〜 12 月年率 2 期ぶりプラス」

　これは、2019 年 2 月 14 日付日本経済新聞夕刊 1 面の見出しです。はたしてこれは本当なのでしょうか？
　なぜこのような質問をするのかといえば、統計データやそれを記載した公文書に対する信頼性を完全に喪失させる厚生労働省の毎月勤労統計不正という大事件が、2018 年 12 月 28 日に発覚したからです。この「はじめに」を書いている 2019 年 2 月現在も、事態に対する収束の気配は一向に見えていません。それどころか、1 月 24 日、総務省が重要な政府の 56 基幹統計を点検したことにより、総務省、財務省、文部科学省、厚生労働省、農林水産省、経済産業省、国土交通省において 22 統計で延べ 31 件の不適切な処理が行われていたことも判明したのです（2019 年 1 月 25 日付毎日新聞）。
　この点について、日本経済学会理事会は 2019 年 1 月 29 日、総務省統計委員会委員長宛てに声明文を出しました（『「毎月勤労統計」をめぐる問題に関する日本経済学会理事会からの声明』）。すべての内容が読者のみなさまにとっても重要なのですが、ここでは 1 段落目の部分を以下引用させていただくことにします。

　今回厚生労働省が長年にわたって不適切な調査を行ってきた「毎月勤労統計」は、賃金、労働時間及び雇用の変動を明らかにし、毎月の経済指標の一つとして、景気判断や国及び地方の各種政策決定に際しての指針となっています。また雇用保険や労災保険の給付額を改定する際の資料

としてだけでなく、民間企業等における給与改正や、人事院勧告の資料にも用いられるなど国民生活にも深く関わる統計です。こうした経済判断だけでなく国民生活にも影響を及ぼす政府統計に関する不適切な調査・作成は言語道断です。今回のような事件は、経済統計に関する信頼を大きく損なうとともに、日頃より経済統計を研究・教育に利用している研究者・教育者を会員に多く抱える日本経済学会としても見過ごすことができません。

この声明の引用部分は、厚生労働省による統計不正が"国民生活"や"経済社会"に多大な悪影響を及ぼすことを示してくれています。また、嘘のデータをもとに作り上げられた法律や政策は、所詮まがい物にすぎないということも推測できる内容となっております。この部分を読んだ読者の中には、2007年に長年の財政悪化を隠蔽し、財政破綻に陥ってしまった夕張市の事例を思い出した人もいるかもしれません。その後、財政再建団体に指定され事実上国の管理下に置かれた夕張市は、膨大な借金返済に追われた結果、そこの住民に過度の負担を課し、他の自治体住民が受けられるような満足な行政サービスを受けられなくさせてしまったのです。この点、この統計不正をきっかけに日本全国規模で夕張市のような状況が生じるとすれば、その事例の比ではなく、その結果はどうなるか想像すらできません。むろん、国際社会にも悪影響をもたらすでしょう。

　もうひとつ興味深い記述があります。"日頃より経済統計を研究・教育に利用している研究者・教育者"という部分です。読者の中には、大学で経済学や統計学を勉強している人もいるでしょうし、仕事に必要なため、やはり経済学や統計学を勉強し直している社会人の方もいることでしょう。ここ数年、コンビニの雑誌コーナーに置いてあるビジネス雑誌も経済学や統計学を学ぶ重要性を訴える特集をよく組んでいたりもします。しかし、今回のケースが常態化することは、自分たちに都合よく数字を操作するなどやりたい放題が当たり前になってしまうため、今後、これらの学問を大学などで学ぶことや教えることの意味を喪失させる可能性をもたらすかも

しれません。ましてや、統計の意義や手法を必要とする学問は経済学や統計学だけではありません。これは社会学、歴史学、言語学などあらゆる学問で必要なもので、逆に必要としないものを見つけることのほうが難しいと思われます。このような事態は人類の財産として発展してきたさまざまな学問の衰退にもつながってしまいます。

　それでは、本書の執筆者の大半が専門とする憲法学とこの統計不正はどのように結びつくのでしょうか。
　憲法に規定される社会権（生存権や労働者の権利など）は資本主義社会で当然に発生すると考えられている社会的弱者を国家が積極的に救済すべきという考え方を実現するうえで重要な権利です。しかし、今回の統計不正は、社会的弱者の権利を損なうのも当然ながら、雇用保険や労災保険など、この社会権を実現させるはずの諸制度が正確に機能しなくなることを意味しています。
　国会で制定される法律は国民生活全般に関わるものですが、その法律を制定する際、なぜその法律が必要なのかという社会的・経済的・文化的な一般事実（立法事実）が重要となります。法律案は議員提出も可能ですが、内閣提出法律案成立件数の圧倒的多さを考えるならば（たとえば、常会・臨時会も含む2018年の国会では102件中73件）、各省庁の役人のようなスペシャリストではない国会議員がすべての法案に用いられる経済的な一般事実の不正操作を見抜くことができるのか疑問です。
　政府が出す統計データが信用ならないということになれば、裁判所が憲法判断をする際、精神的自由権を制限する法律などが違憲か合憲か判断する場合は厳格な審査基準、経済的自由権の制限に関しては緩やかな審査基準を用いるといった司法審査基準が使い物にならなくなってしまいます。この二重の基準論は、国民の知る権利が十分に保障され民主的な政治過程が正常に機能していれば、経済領域に関わる立法は国民の代表者が集う国会で是正可能だという前提に基づくものなのです。しかし、今回のケースはこの前提が完全に崩されています。

このことは当然、政府の暴走を防ぐための、立法機関や司法機関の監視が機能しないことにもつながります。要するに、立憲主義型の憲法が大事にする考え方である権力分立も機能不全に陥らせてしまうことを意味するのです。そして、それはそのまま、人権保障を中心とする日本国憲法全体を破壊することにもつながります。

　ここであらためて本書のタイトルでもある「公文書は誰のものか？」という問いに対する解答を以下、確認してみましょう。

　「統計データも含む公文書は公務員のための文書ではなく"国民のための文書"である」

　これは本書を読むうえで必ず念頭に置いてほしいことです。この定義がふまえられていなかったせいで、残念なことに、2011年4月に公文書管理法が施行された後ですら、行政機関による公文書の隠蔽・改竄・廃棄・非記録化などの事件が次から次へと、まるでとどまることをしらない大河の流れのように繰り返し生じました（以下、「公文書問題」と略）。このままだと、本書が刊行された後も、統計不正の事例にとどまらず、次から次へと類似の問題が登場することになることは今までの流れから当然に推断できてしまいます。

　それでは、このような問題が解決されない理由は何でしょうか。1つの事例から考えてみましょう。2018年3月29日、参議院財政金融委員会にて、麻生副大臣兼財務大臣は「森友のほうがTPPより重大だと考えているのが、日本の新聞のレベルだ」と発言しました。また、同様の時期に、国民の中にも「いつまでモリカケばかりやっているのか」、「公文書問題より優先して議論すべきことがある」とそれに類する意見も登場しました。私が関わった人の中には「首相や大臣も忙しいから、公文書管理なんて厳格にできるはずがない」なんてことを言う人もいました。

　しかし、これは説明責任を果たすべき、問題を引き起こした省のトップ

がこのような発言をしていること、そして国民の中にも類似の発言が登場していること自体、公文書管理法の趣旨が浸透していないどころか理解されていないことが判明した事例なのです。公文書管理法は公文書が「健全な民主主義の根幹を支える国民共有の資源」であり、主権者である国民が主体的に利用しうるものであるという考え方を示してくれています。この部分は、先の公文書の定義の一要素をなすものですが、さらに、行政が公文書を残すことによって適正かつ効率的な運営をするとともに、現在や将来の国民に対する行政活動の説明責任があるという視点も提示してくれているのです。したがって、国民の財産である公文書管理を厳格にできないのであれば、国民の奉仕者である公職に就くべきではないのです。

　そもそも当該法が制定されたきっかけは、社会保険庁のずさんな年金記録管理（2007年2月。いわゆる「消えた年金問題」）や海上自衛隊補給艦とわだの航海日誌の誤廃棄（2007年7月）などによるものであったため、公務員が公文書を自分たちが利用するためだけに存在するものであるという意識から脱却させ、先述した公文書の定義に彼らの意識を近づけさせる意味もあったのです。しかし、先の麻生発言も含め、このような背景が活かされることなく、2007年の第1次安倍政権時に発覚したときから何も変わらぬ行政の公文書管理のずさんさが施行後も再び明らかになっただけだったのです。

　ただ、このずさんさは単なる一法律の破壊どころか、最高法規である憲法の破壊につながってしまっていることも忘れるわけにはいかないでしょう。統計不正の事例でも解説しましたが、昨（2018）年、悪い意味で話題になった優生保護法に基づく不妊手術記録の大量廃棄や障害者雇用水増し問題なども含むこれらの公文書問題は、憲法が大事にする国民主権原理を損なうどころか、当事者の働く権利や家族形成の権利などさまざまな人権を奪う事態すら次々と引き起こしてしまっているのです。要するに、これらの公文書問題はその一つひとつが、憲法の基本原理を有名無実化させ、読者のみなさまにとってなじみのある日常社会（憲法が描く人権保障社会）を破壊してしまうほど強力なものなのです。憲法尊重擁護義務があり国民の奉仕者である公務員が引き起こしているこれらの問題に対し、国民がこのまま無

関心であり続け、この問題を自分自身の日常生活や人生を破壊する問題、そして民主主義社会を破壊する問題と位置づけなければ、この問題は現在だけでなく未来永劫とどまることなく続き、取り返しのつかない事態（超監視社会の再来）を招く可能性が高くなると思われます。

　ここまで読んで、「確かにまずいのはわかるけど、それではどうすればよいのか？」と疑問をもたれた方もいるかもしれません。そのような方のためにこそ本書はあります。

　まずは、第1部で過去に起きた公文書問題を概観し、この問題がなぜ重要なのかについて私たちの考えを示します。そして、第2部で公文書管理に関する歴史や現行法制度を確認します。さらにそこから第3部では日常生活と公文書問題の関係性を論じます。最後に、第4部で現状を打破するためにはどのような公文書管理体制が必要なのか、私たちの考えるあり方を示しています。また、さらに深く考えたい読者のために、関連する文献や映像資料一覧も巻末にまとめておきました（これらの文献や資料は本書の企画・構成などを考えるうえでの基礎資料になっているものでもあります）。

　このように本書は、順番に読み進めてもらうことで"公文書問題"とは何かが理解でき、どうすべきなのかを考えるヒントを得られるように構成したつもりです。ただ、もし気になるところがあれば、まずはそこから読んでみてください。第2部はQ＆A形式でそれぞれの疑問に答えるかたちになっています。

　本書が、"公文書は国民のための文書"であり、そのために"公文書問題"こそが真っ先に解決せねばならない問題と読者のみなさまをはじめさまざまな人びとに位置づけられるきっかけとなり、このような問題が一つでも多く解決され、公文書がしっかり記録・保存される国家になることを願ってやみません。

2019年2月14日

編者を代表して　榎澤幸広

目次　公文書は誰のものか？

はじめに　榎澤幸広　2

第1部　国家権力による情報独占と公文書をめぐる事件

1-1　公権力が情報を独占する社会とは？　　清末愛砂　16
行政機関が思うままに施策を進めることができる
情報コントロールは独裁国家への道

1-2　憲法から見る公文書とは？　　榎澤幸広　18
はじめに／公務員とは？
なぜ憲法尊重擁護義務があるのか？
憲法こそが究極の公文書!?
人権保障と公文書問題／おわりに

1-3　日本では公文書をめぐってどのような事件があったのでしょうか？　　榎澤幸広　23
戦後日本で起きた公文書に関わる事件
直接的、将来的に人権侵害につながる事例
国民主権原理を有名無実化する事例
平和主義を有名無実化する事例

第2部　日本の公文書管理体制

2-1　公文書管理法制はどのように整備されたのでしょうか？
清末愛砂　42

公権力が情報を独占できないようにするための方策

世界人権宣言と憲法上の「知る権利」

情報公開法の制定経緯／公文書管理法の制定経緯

2-2　公文書管理に関わる法律はどのようなものですか？
奥田喜道　47

公文書管理法の課題／公文書管理法が対象とする「公文書等」

公文書の管理・運営・保存・廃棄

歴史的公文書等の保存・利用──国立公文書館等の機能

自治体の文書管理についての努力義務

2-3　情報公開法という法律は関係ありますか？
奥田喜道　52

情報公開法は公文書制度の両輪の一方

情報公開法の概要／情報公開法の課題

2-4　公文書改竄を行った場合どう処罰されるのでしょうか？
前田朗　57

文書偽造罪はバラエティに富んでいる

すべての文書が「文書」ではない／すべての偽造が「偽造」ではない

軽く偽造、重く刑罰／さんざん改竄、無残な日本

2-5 戦前の公文書管理はどうなっていたのでしょうか？ 　　　永山茂樹　63

官僚制と文書主義／明治憲法と官僚制・文書主義
文書管理の特徴／公文書焼却と文書管理体制の崩壊
1945年、私たちが失ったもの

2-6 立法機関の公文書管理はどうなっているのでしょうか？ 　　　岩本一郎　70

立法機関における公文書管理の意義
日本国憲法における会議録の保存・公開の原則
国会における文書管理

2-7 行政機関の公文書管理はどうなっているのでしょうか？ 　　　飯島滋明　76

公文書管理法の「定め」と実際の「運用」
「行政解釈」による「公文書管理法」の空洞化
「運用」による「公文書管理法」の空洞化／何が「課題」か

2-8 司法機関の公文書管理はどうなっているのでしょうか？ 　　　池田賢太　81

司法機関における公文書／司法行政文書の管理
裁判文書の管理／重要な記録は永久保存のはずが……

2-9 会計検査院も把握できない政府費目があるそうですが本当でしょうか？
榎澤幸広　88

はじめに／最近の事例／会計検査院の役割

民主党の機密費流用防止法案／おわりに

2-10 国立公文書館はどのような仕事をしているのでしょうか？
松本ますみ　94

はじめに／国立公文書館が保管しているもの

国立公文書館の役割と歴史／デジタル化

アーキビストの仕事、養成と拡充の必要性／おわりに

2-11 国立公文書館以外、公文書を管理している施設はあるのでしょうか？
飯島滋明　100

16の公文書管理施設／なぜ「大学」が国立公文書館等？

2-12 自治体は公文書をどのように管理しているのでしょうか？
榎澤幸広　103

はじめに／最近の事例／公文書管理法の規定

現在の状況／住民共有の知的資源

日本国憲法8章と公文書管理／おわりに

2-13 アメリカの公文書管理体制はどうなっているのでしょうか？
高橋博子　109

アメリカ国立公文書記録管理局

アーキビストとは？／フォイア（FOIA）とは？

リサーチャー（市民・研究者・ジャーナリスト）側の活動

第 3 部　私たちの身近な暮らしと関係する公文書

3-1　社会保障と公文書　　　　　　　　　　　　　　　　　池田賢太　116

「消えた年金」問題／社会保障は日本の一大事業
生活保護の切り下げ／政策検証のためにも公文書は必須

3-2　労働と公文書　　　　　　　　　　　　　　　　　　永山茂樹　120

憲法と労働／「働き方改革」／障害者雇用／外国人労働者

3-3　教育と公文書　　　　　　　　　　　　　　　　　　岩本一郎　123

学校における公文書／学校の公文書管理における問題点
そもそも必要な調査なのか

3-4　町おこしと公文書　　　　　　　　　　　　　　　　奥田喜道　127

町おこしの法的な位置づけ／東京都における町おこし
スイスにおける「町おこし」に関する住民投票の事例

3-5　特定秘密保護法と公文書管理　　清末愛砂　132

　工業都市・港町での写真撮影に不安を覚える時代
　特定秘密保護法とは？
　情報隠しの手段となる特定秘密保護法
　私たちの生活の身近にあるかもしれない安全保障情報
　市民やメディア関係者を委縮する処罰規定

3-6　安保法制と公文書管理　　飯島滋明　137

　「アルマジロ」とデンマーク国民の動向
　戦争をめぐる「真実」を知る重要性
　南スーダンへの自衛隊派遣と「日報」をめぐる経緯
　元幹部自衛官が明かす理由／安保法制と「公文書」

3-7　自民党改憲案と公文書管理　　清水雅彦　141

　憲法に「知る権利」はありませんが
　自民党改憲案では「知る権利」が保障されていると言いますが
　自民党改憲案では人権制約原理も変更
　「国家の安全」のために人権を制限することに

3-8　「改憲4項目」と公文書管理　　石川裕一郎　143

　「改憲4項目」とは／「9条改正」と公文書問題
　「緊急事態条項」と公文書問題
　今日の沖縄が映し出す明日の日本

第4部　求められる公文書管理制度

4　どんな公文書管理体制が必要なのでしょうか？　清末愛砂　152

憲法原理に適った管理体制／基本法の制定と個別法の改正
責任者の処罰──改竄・隠蔽体質の根絶に向けて／おわりに

参考文献等　156
公文書、情報公開についての重要法令等の条文(抜粋)　159

日本国憲法
公文書の管理に関する法律(公文書管理法)
公文書等の管理に関する法律案に対する附帯決議(参議院)
行政機関の保有する情報の公開に関する法律(情報公開法)
刑法／統計法

おわりに　清末愛砂　172

第1部

国家権力による情報独占と公文書をめぐる事件

1-1　公権力が情報を独占する社会とは？

行政機関が思うままに施策を進めることができる

　自治体を含む行政機関は、私たちの日常生活から外交に至るまでのさまざまな施策を講じるために情報を必要とします。では、収集した関連情報やそれらに基づいて作成された公文書を、行政機関や与党に所属する一部の政治家だけが独占し、「守秘義務」の名においてそれらを市民に公開しない状況が続いた場合、私たちはどのような社会に暮らすことになるでしょうか。以下では、いくつかのポイントを挙げて、概観してみましょう。

　公権力が情報を独占する社会では、市民がたとえば公害問題や自然災害問題といった、自らの日々の暮らしや生命に大きく関わる情報にアクセスすることができません。それは国レベルだけでなく、自治体レベルの情報でも同じです。情報を入手できない以上、行政機関に対し何らかの要望を出したい場合でも、それらを裏づけるための資料が不十分なものとなり、要望をまとめることが困難になります。そうなると、行政機関は市民の要望を無視し、自らに不都合な情報を改竄または破棄しながら、思うままに施策を進めることができるようになるのです。

　さらにいえば、市民は、行政機関が保有する情報へのアクセスを可能とするしくみがないために〈情報弱者〉となり、何らかの被害が生じても泣き寝入りを強いられることになりかねません。その結果、被害からの回復や救済がまったくなされない、または大幅に遅れるといった深刻な事態が生じます。

　そもそも行政機関が講じる施策を動かす予算は市民から徴収した税金に基づいており、本来的には各種の施策の利益は市民に還元されなければなりません。市民に対して利益が還元されないような施策は、税金の搾取にあたります。

情報コントロールは独裁国家への道

　民主的な立憲国家では、憲法の枠組みに従って動かなければならない行政機関や政治家の動向を、国民が適正に監視することが求められます。しかし、情報へのアクセスが阻まれると、行政機関がいかなる情報を収集し、文書として保存しているのかのみならず、文書が改竄または破棄されたかどうかについても知ることができません。また、メディアも取材活動の一環として行う情報へのアクセスが難しくなるため、行政が流す情報のみに頼った報道、すなわち行政の広報官のような役割しか果たすことができなくなります。その結果、市民またはメディアによる監視が及ばなくなり、独裁国家への道が拓かれていくのです。

　独裁国家が支配下においている市民を思いどおりに動かそうとするときには、社会の中から不満や要望の声が出ないような策を練ります。不満が出れば、社会をスムーズに統制することが難しくなるからです。情報コントロールは、そのための最も有効な手段となります。情報をすべて握り、これらを開示するためのしくみをつくらせないようにすることで、市民が公権力の動きを批判的にみるための手段を奪うのです。

　公権力によるそうした方策は、「国家防衛」「自衛」の言葉で正当化されます。それに歯向かおうとすれば、公権力による弾圧の対象となるだけでなく、社会的にも「体制に従順に従わない、とんでもない者」「愛国心がない国賊」などと中傷され、激しくバッシングされる可能性が出てきます。こうなると、市民は弾圧やバッシングを恐れ、おのずと沈黙するようになるでしょう。まさに民主主義が否定された、誰も何も言わない社会の誕生です。それだけではありません。時間の経過とともに沈黙することに慣らされていくと、公権力が情報を独占することに違和感を覚えることがない社会にもなるのです。ここまでくれば、公権力の思うつぼです。はたしてみなさんはこのような社会に住みたいでしょうか。

（清末愛砂）

1-2 憲法から見る公文書とは？

はじめに

　1-1 では、公文書管理のずさんさが、まるでオーウェルの『1984』のような超監視国家への道程につながってしまうことが示されました。その道程は、私たちのよく知る現在の社会構造をかたちづくる日本国憲法を有名無実化し、国家権力により世が再び膨大な人権侵害を生み出すことにつながってしまうのです。そうならないようにするためにも、ここではあらためて「公文書とは何か」を考えていきたいと思います。

　法律上の定義は第 2 部に譲るとして、大辞林によれば、"公文書" とは「公の機関または公務員がその職務上作成した文書」という定義になっています（反対語は私文書〔私人の作成した文書。公文書以外の文書。私署文書〕）。

　この辞書の定義のみから受ける印象は、「"公の機関" や "公務員" が仕事のうえで必要なもの」という感じですが、はたしてそれは正しいのでしょうか。ここでは、最高法規である憲法から公文書の位置づけを考えていきたいと思います。

公務員とは？

　まず、辞書の定義の主語にあたる "公務員" について明らかにしましょう。

　この点、憲法 99 条は、「天皇又は摂政及び国務大臣、国会議員、裁判官その他の公務員は、この憲法を尊重し擁護する義務を負ふ」と規定し、憲法尊重擁護義務を負う対象者として、一般職や特別職の公務員も含む国家権力に関わる者を具体的に名指ししています。

　すなわち、「国務大臣」は行政権に関わるものとして、首相を含む閣僚全員を指します。「国会議員」は立法権に関わるものとして衆議院と参議院議員全員を指し、「裁判官」は司法権に関わるものとして、地裁・簡裁から最高裁の裁判官まですべてを含みます。それだけではありません。「その他の

公務員」と書いてあるので、国家公務員や地方公務員だけでなく市議会議員や県知事なども含まれると考えられます。

なぜ憲法尊重擁護義務があるのか？

　この理由は、個人個人の人権を守るために国家権力を縛る立憲主義型の憲法を採用しているからです。

　人類の歴史を振り返れば、国家権力者が国民の生活そっちのけで過度の税負担を課したり、反抗的な国民がいないかあらゆる手段を用いて徹底的に監視したり、思うがままに権力を濫用し国民を苦しめてきた歴史が大半でした。憲法97条が「この憲法が日本国民に保障する基本的人権は、人類の多年にわたる自由獲得の努力の成果であつて、これらの権利は、過去幾多の試練に堪へ」と示している部分がまさにそれで、その反省も踏まえ、現在かつ未来のすべての人びとの人権が権力によって侵されてはならない永久の権利であることを示しているのです。

　したがって、憲法は、一人ひとりの個人がかけがえのない存在として大切に扱われなければならないとする個人の尊重原理（13条）をベースにした人権保障社会を実現するためにこそ、統治機構（やそこで仕事をする公務員）が存在するとしているのです。そして、権力が１つに集中すると国家は暴走しやすいため、立法機関（第４章）、行政機関（第５章）、司法機関（第６章）、自治体（第８章）とそれぞれ分けているのです。

憲法こそが究極の公文書！？

　以上の内容は、すべて日本国憲法という文書に書かれている内容です。それではなぜ、文書に書く必要があるのでしょうか？　それは、憲法が人びとと統治権を付託された政府との間に結ばれた契約書といえるからです。このような契約書を交わした以上、人権侵害が甚だしかった歴史を二度と繰り返さないようにするために、そしてそのような契約違反が生じた場合のためにも、文書の形式にしておく必要があるのです（成文憲法）。

　だからこそ、国家機関に認めた立法権などの権限行使や限界も文書化し、憲法に従った政治を実現させることを意図しているのです。大日本帝国時代のように、憲法に書かれていない組織を勝手に作ったり権限を勝手に行

使することがまかり通るようになったら、憲法という文書に対する信頼性がなくなってしまいます（たとえば、憲法外機関として、元老や大本営）。

　要するに、「憲法こそが究極の公文書」である以上、国家機関や公務員はこの究極の公文書に基づき職務を行ううえで、その職務が憲法に忠実に行われているか否かを明確にするためにも彼らの職務に関して詳細精緻に公的記録（公文書）を残す必要があるのです（傍点部分は金子勝氏が 2018 年 4 月 4 日付日刊ゲンダイでコメントしたものをアレンジ）。

　この点、国民自身も「不断の努力によって」究極の公文書と公務員が残した公文書を対比し、国家権力による人権侵害が生じていないかどうかチェックしていく必要があることも大事なことです（12 条）。

　さらに、憲法 96 条が示す憲法改正手続が通常の法律改正と異なり、国民投票も含んだうえでその要件が厳格であるというのは有名な話ですが、ここからも憲法という公文書を中心にした公文書管理体制を維持しようとする考えが内在していることを読みとることができるのです（硬性憲法）。

人権保障と公文書問題

　ところで、昨今の公文書問題を扱うニュースなどを見ると、民主主義や国民主権の観点からばかり論じられているような気がするのは気のせいでしょうか。

　これは、公文書管理法が公文書を国民共有の知的資源と位置づけたり、国民主権の理念に則った公文書管理のあり方を示していることから導き出したものであると考えられます。むろん、主権者である国民には国家機関がどのような仕事をしているかを知る権利があり、彼らを監視することが必要であるのでそれは間違いではありません。

　しかし、上記の立憲主義の観点を踏まえるならば、公文書問題が私たち一人ひとりの人権侵害に直結する可能性があることも考えなければなりません。

　たとえば、1948～1996 年の優生保護法下において発生した障害者の不妊手術問題に関し、厚生労働省は自治体に記録調査を求めていました。しかし、手術を受けたとされる約 25,000 人のうち、個人名がわかる件数は 3,033 件しかなかったのです（全体の約 12％）。

この点、与党のワーキンググループや超党派の議員連盟は記録の残らない当事者救済も行うようにするようですが、はたしてすべての人が救済されるかは現時点では不明です。理由は、決め手となるはずの公文書という証拠がない以上、さまざまな法的救済の途が狭められてしまっているためです。

　この事例の当事者は、優生保護法制により、個人の尊厳を奪われ、どのような家庭を形成するか選択する権利（憲法13条や24条など）を奪われた人びとです。しかし、保存期間が過ぎたからといって彼らに関連する行政文書が廃棄されたり、記録を残すこと自体に対しても意識が低かったということは、当事者側の人権視点に立ってこれらの作業が行われたのではなく、職務上の都合や無関心という行政側や多数派側の視点に立って公文書管理が行われたということを明らかにするものでした。

　そのほかの事例だってそうです。たとえば、障害者雇用水増し問題は本来働くことができるはずだった障害者の雇用のチャンスを奪っている事例ですし、日報廃棄・隠蔽問題も海外派遣される自衛官の人権についてどのように考えているのか不明である事例です。これらの事例に関する公文書管理も人権を侵害される側の視点（憲法的視点）が乏しいというよりも、そもそもその視点すらなかったといっても過言ではないと思われます。

　ここまでほんの少しの事例を紹介させてもらいましたが、「公文書を作らない。作ってもできるかぎり詳細に書かない。場合によっては偽造・隠蔽する。公開もできるかぎりしない。できるかぎり保存期間も短めにする。保存期間が終わったらすぐに廃棄する」というような状況が常態化することは、義務教育の段階でも習う憲法の三大原理（基本的人権の尊重、国民主権、平和主義）を無力化するものとなり、現行憲法が採用する立憲主義型の憲法体制の破壊につながることになるのです。

おわりに

　以上の点から、"公文書"という用語を定義づけるには、最高法規である憲法と結びつけて考える必要があることが理解できたのではないでしょうか。したがって、そのような理解の下では、その定義は「公務員のための文書」ではなく「国民のための文書」と位置づけられることになります。要

するに、公務員が国民のために作成する文書なのです。そして、ここに示される"国民"とは、現在の国民だけを指すのではなく、"未来の国民"をも含むという点も重要ですし（97条）、人権侵害を受ける（可能性のある）国民（マイノリティや当事者）という意味も併せもつという点にも注意をする必要があるでしょう。

　このような視点から、今回の公文書問題一つひとつを検討してみてほしいと思います。

（榎澤幸広）

1-3　日本では公文書をめぐって　　　どのような事件があったのでしょうか？

戦後日本で起きた公文書に関わる事件

　ここでは、近年騒がれた日報やモリカケ問題のみならず、戦後日本において生じた公文書をめぐる事件について紹介したいと思います。

　まず、日本国憲法施行前後を出発点として、どれほど公文書に関わる事件が存在しているのか、読者のみなさんに時系列で把握してもらうために年表を作成してみました。さっと目を通してもらえたらと思います。

　なお、本年表では、複数年や複数の事例にまたがる事件に関しては発端時のものを原則取り上げています。また、太字の事件は本稿の後半で詳しく取り上げるものであり、参照欄の数字等は本書で関連する内容が扱われている場所です。

時期	事件	参照
1945年 8月中旬頃	**公文書大量焼却事件発生**	2-5
1946年 5月 3日	東京裁判開始（〜1948年11月12日）	
1947年 5月 3日	日本国憲法施行	
1952年 8月30日	**水俣市漁協の要請による熊本県水産課報告書が作成される**（しかし、その後活用されず）	
1971年	国立公文書館開館	2-10
	国や製薬会社を被告にしたスモン訴訟が相次ぎ提訴される	
1976年 2月	ロッキード事件発覚	2-1
1978年 5月30日	外務省機密漏洩事件	
1988年 1月 1日	公文書館法施行	
6月 1日	刑事確定訴訟記録法施行	2-8
1995年12月	**高速増殖炉もんじゅの事故映像編集問題**	2-1

1996年	1月下旬	1983年時点で厚生省が非加熱製剤によるエイズ感染のおそれがあることを認識していたことを示す重要な資料が発見（製剤承認が1985年）	
2000年	10月 1日	国立公文書館法施行	
2001年	4月 1日	情報公開法（行政機関情報公開法）施行	2-3
2007年	2月	消えた年金などの問題が発覚	3-1
	7月26日	海上自衛鑑の航泊日誌の誤廃棄問題	2-1
	10月19日	ないとされたC型肝炎感染者リストが厚労省地下倉庫にて発見	
2010年	1月26日	外務省、日朝平壌宣言に関する国会想定問答集の存在を確認できなかったことが判明	
	3月30日	イラク戦争関連資料廃棄問題	
2011年	4月 1日	公文書管理法施行	2-2
2012年	1月27日	政府の東日本大震災関連15会議のうち、10会議で議事録を作成していなかったことが判明	
2013年	12月 6日	特定秘密保護法成立	2-9、3-5
2014年	6月 9日	2011年の福島第一原発事故直後、「緊急時迅速放射能影響予測ネットワークシステム」（SPEEDI）のデータなどに関する、外務省が米軍に提供した際のメールなどの廃棄が判明	
2015年	12月 3日	原発避難区域見直しに向けた関係閣僚会合の議事録などの不存在が判明	
2016年	1月21日	集団的自衛権の閣議決定に至る政官接触の議事録の不存在が判明	
	3月30日	民進党、内閣官房TPP政府対策本部「甘利前大臣とフロマン代表との交渉について」の記録が作成されていないという文書公開	
	6月20日	近畿財務局が学校法人森友学園に対し大阪府豊中市の国有地を売却	
	9月 9日	橋下徹前大阪市長が在職時に職員と交わしたメールは公文書であるとする大阪地裁の判断	
	9月30日	豊洲市場地下空間に関する調査特別チーム報告書により議事録不存在問題が判明	
	11月21日	「秘」指定の統合防衛戦略（2014年10月決裁）が1年未満で廃棄	

	12月 2日	9月30日、ジャーナリストが南スーダンに派遣した自衛隊の部隊が作成した日報に関して情報開示請求を行った件につき、防衛省は日報廃棄と通知。ここから日報問題が続出することになる	3-6
2017年	1月20日	学校法人加計学園が獣医学部新設の国家戦略特区の事業者に選定される	
	4月 7日	千葉県文書館が公文書大量誤廃棄を発表	2-12
	12月 1日	天皇の退位日を決めるために開かれた「皇室会議」(議長:安倍首相) 開催	
	12月26日	行政文書の管理に関するガイドラインの一部改正	
2018年	1月19日	官房機密費一部文書公開最高裁判決	2-9
	1月29日	安倍首相が裁量労働制のほうが一般労働者よりも短いデータもあるという答弁 (2月14日撤回)	3-2
	3月27日	経済産業省・政策企画委員会の事務連絡資料「公文書管理について」にて「議事録のように、個別の発言まで記録する必要はない」という記述	
	5月 1日	毎日新聞の情報公開請求により、総務省の「町村議会のあり方に関する研究会」、議事録不存在問題発覚	
	5月13日	防衛省管理簿登録の文書ファイル名抽象化により、国民が検索しづらいとの当省職員による証言	
	6月15日	カンボジアPKOに関して、1993年7月カンボジアから帰国した74名の隊員らの警察庁実施のアンケート調査や各隊員の報告書などが現在、警察庁には保存されていないとの回答	
	7月20日	閣僚会議にて公文書改竄などの問題に関する再発防止策決定	
	7月24日	朝日新聞による金融庁への情報公開請求内容が開示前に野田総務大臣に報告されたことが判明	
	8月 3日	上川法務大臣、オウム真理教裁判記録永久保存指示	2-8
	8月 5日	公文書ファイル名抽象化問題、毎日新聞の取材でさらに発覚	
	8月17日	宮内庁は2013年11月に宮内公文書館の所蔵資料目録に登録された宮内庁のファイルが所在不明であることを明らかにした	

8月26日	毎日新聞の全国アンケートで、外務省が1950年都道府県に指示した「満蒙開拓団実態調査票」が一部自治体で所在不明であることが判明	2-12
8月28日	**厚生労働省、障害者雇用水増し調査結果公表**	3-2
9月6日	厚生労働省「旧優生保護法関係資料の保管状況調査の結果について」による不妊手術調査結果、記録なしが大半	1-2
11月16日	**政府が入管法関連データである「失踪外国人技能実習生への聞き取り調査結果」を修正**	3-2
11月30日	総務省が公表した2017年政治資金収支報告書により、使途に関して開示する義務がない、国会議員に支出される組織活動費が総額31億円に上ったことが判明	
12月4日	民営化を推進する水道法改正案に関し、厚生労働省は民営化に失敗した海外事例を3件のみしか調査していないことが判明（改正法は12月6日成立）	
12月14日	山下貴司法務大臣は、全国の保護観察所や地方更生保護委員会による7,688件の公文書誤廃棄（保存期間が過ぎていないものも含む）が法務省内調査で判明したと発表	
12月28日	毎日勤労統計において、厚生労働省によるずさんな調査が行われていたことが発覚	はじめに
12月30日	毎日新聞の取材により、鳩山由紀夫元首相が在任中に自らが保有していた公文書の大半を退任直前に廃棄した（一部の文書は個人事務所や自宅に持ち出した）と証言	
2019年1月9日	西日本新聞の取材により、警察庁と熊本、広島など7つの県警の取り扱い注意文書23件が昇任試験の対策問題集を出版する民間企業に流出していたことが判明	
1月21日	毎日新聞の情報公開請求により、政府による保存期間が2019年に終了し国立公文書館に移管するはずの平成改元に関する公文書の移管時期が2044年3月末になっていることが判明	
1月27日	読売新聞の調査により、いじめの重大事態が発生した47自治体中、2015～2017年度の自治体による調査公表が3割にとどまることが判明	3-3
2月5日	朝日新聞の取材により、東京地裁において、朝日訴訟やレペタ訴訟などの著名な裁判記録が廃棄されており、永久保存を決めた民事裁判などの記録の対象が11件にとどまっていることが判明	

ざっと見積もって、50件ほどというところでしょうか。ただ、上記の年表に示された事件は、新聞などメディアで取り上げられたり、世間を騒がせたほんの一部を持ってきたにすぎません。これらの大半が、当事者らの訴え、報道機関や研究者らの緻密な調査などによってやっと日の目を見たように、まだまだ埋もれている事件が数多く存在していると考えられるからです（たとえば、ほんの少しだけ後述する政治資金収支報告書の記載漏れや未記載は多すぎてわけがわかりません）。読者のみなさんには年表を参考にし、それらの事件を調べたり、新たに関連するできごとを発見し、個別事件や相互のつながりを検討してもらえたらと思います。
　というのも、たとえば、モリカケ問題で政府側関係者がよく口にした「記憶がない」とか「記憶によれば」という言葉を用いた主観的な曖昧な対応の仕方は、少なくとも1976年2月の大規模汚職事件のロッキード事件に起源を遡ることもできるからです。また、沖縄密約（沖縄返還交渉をめぐる日米間の密約）の存在に関し、アメリカで公文書が公開され、2010年、民主党政権下でも広義の密約の存在を認めているのですが、外務省はその情報公開請求に対し、文書不存在を理由に不開示としたことがありました（不開示決定取り消しを求める裁判に関しては、最高裁2014〔平成26〕年7月14日判決）。この事件も関連するルーツをたどっていくと、1978年の外務省機密漏洩事件に遡ることができます。このように、一つひとつの点（事件）が実は一本の線につながっている場合もあるのです。
　もう1点、気づいたことがあるかもしれません。そう、取り上げた事件のほとんどが、行政による公文書管理の問題なのです。ただこれは、立法文書や司法文書管理に問題がないという意味ではありません。公文書というと、どうしても行政文書をイメージしてしまう人もいるかもしれませんが、日本国憲法の制定趣旨をふまえるならば、これらも公文書としてしっかり管理していなければならないのです。
　立法文書に関しては、国会での発言の趣旨とは異なるような訂正がなされたうえで議事録が公開されているという例もあります。また、自治体の話になってしまいますが、大分県宇佐市議会では、2017年11月28日の12月定例議会における用松律夫市議の反対討論約1,200字分（発言の3分の1）が議長の職権で議事録から削除されました。

司法文書に関する事例として、2018年8月3日、上川陽子法務大臣は、閣議後の記者会見で、オウム真理教元幹部13人の死刑執行に関する行政文書や教団が起こした事件に関する刑事裁判記録を指定し、永久保存にすることを発表しました（2018年8月3日付日本経済新聞）。ただ、この事件に対し、意外に思った人もいるかもしれません。従来、具体的な事件名を挙げて指定に関する公表をしたことは、松川事件を例に出したことを除いてほぼ初めてであったためです。それも死刑当日、死刑囚の氏名や犯罪内容、執行場所まで公表しているのです（2018年7月末時点で、722件が刑事参考記録に指定され、事件名は未公表）。

このような問題点はありますが、ここでは、年表に示される事件の一部を取り上げ、憲法の三大原理に当てはめ、①直接的、将来的に人権侵害につながる公文書管理事例、②国民主権原理を有名無実化する公文書管理事例、③平和主義原理を有名無実化する公文書管理事例と分類し、それぞれの事件の概要を紹介していきたいと思います。

直接的、将来的に人権侵害につながる事例

それではまず、公文書管理のずさんさから、直接的、将来的な人権侵害につながってしまった事例を取り上げていきます。毎月勤労統計や優生保護法の事例と同様（後者に関しては、ないとされた中央優生保護審査会の記録が新たに発見されるという事態も発生〔2018年12月13日付毎日新聞〕）、行政側が公文書を隠したり、書庫に放置し続けるといった管理のずさんさといった公文書問題の発生により、水俣病者や血液製剤使用患者のような人びとは回復不可能な人権被害にあってしまっていますし、さらに被害を拡大化させることにもつながってしまいました（(1)(3)(5)）。ほかにも、社会権である生存権や労働者の権利が関係する事例（(4)(8)(9)(10)）、そして、被災している人びとの生活権や避難する権利を脅かすなど、緊急事態時の政府による人権の扱いを考えさせる事例も生じています（(2)(6)(7)）。

(1) 熊本県水産課水俣病報告書未活用問題

1952年8月27日、チッソの排水口がある百間港付近の汚染のひどさや漁獲量減少などを理由とした、水俣市漁協長の要望によって、熊本県水産課が新日本窒素肥料株式会社の廃水調査を実施しています。現地調査をし

た当課の三好礼治水産係長の報告書（復命書）には「排水に対して必要によっては分析し成分を明確にしておくことが望ましい」とか「排水の直接被害の点と長年月に亘る累積被害を考慮する必要がある」と指摘されていたにもかかわらず、その後、県による排水調査は行われず、そのほかにも当該報告書の内容が活かされることはありませんでした（この点につき、一般財団法人水俣病センター相思社のウェブサイト <www.soshisha.org> が詳しい）。

(2) 高速増殖炉もんじゅ事故映像編集問題

1995年12月8日、原子力基本法に基づき1967年に発足した特殊法人である動力炉・核燃料開発事業団（動燃）が、もんじゅの冷却剤のナトリウム漏れにより火災が発生した直後の事故映像を公開したのですが、数日後、編集されたものとわかり、事故を小さく見せようとしていたことが判明しました。

(3) 薬害エイズ資料隠蔽問題

1996年1月下旬、1983年時点で厚生省が非加熱製剤によるエイズ感染のおそれがあることを認識していたことを示す重要な資料が発見され（承認が1985年）、2月、菅直人厚生労働大臣（当時）がエイズ薬害訴訟の原告患者らに公開謝罪することになりました。

(4) 消えた年金記録の問題

2007年2月、国会にて、2006年8月時点での、被保険者と年金受給者をあわせた約3億件の年金記録のうち5,095万件が、誰の者か特定できないことが判明しました。その後、厚生年金基金についても類似の問題が明らかになっています。

(5) C型肝炎患者記録放置問題

「フィブリノゲン資料問題及びその背景に関する調査プロジェクトチーム報告」（2007年11月30日）によれば、2002年、厚生労働省は三菱ウェルファーマ社からの報告命令により収集したフィブリノゲン製剤投与によるC型肝炎患者の418名の症例一覧表等の資料につき、存在しないと思われていたマスキングのない資料（2名の個人名の入った企業内部資料を含む）が、2007年10月19日に厚生労働省の地下倉庫から発見されました。

(6) 震災関連議事録未作成問題

2012年1月27日午前、政府は東日本大震災関連の15会議のうち、10の

会議で議事録を作成していなかったことを発表しました（2012年1月27日付日本経済新聞）。その中でも、議事録だけでなく議事概要も作成・保存していなかったのは、原子力災害対策本部、緊急災害対策本部、被災者生活支援チーム（旧・被災者生活支援特別対策本部）の3つ、議事概要を一部作成していたのが、政府・東京電力統合対策室（旧・福島原子力発電所事故対策統合本部）、電力需給に関する検討会合（旧・電力需給緊急対策本部）の2つ、議事概要を作成したのが、原発事故経済被害対応チーム、官邸緊急参集チーム、各府省連絡会議、経済情勢に関する検討会合、電力改革及び東電に関する閣僚会合の5つでした。

この点、内閣府政策統括官（防災担当）、経済産業省、復興庁の三者が「2011年10月から同年12月にかけて行われた原発避難区域再編に向けた非公式関係大臣会合の議事録（概要）と、会合で配布された関連資料一切」を保有していないことも判明しました（2015年12月3日〔平成27年度（行情）答申第547～549号〕）。

(7) 在日米軍に提供したSPEEDIデータメールなど廃棄問題

外務省は、2011年の3.11直後、在日米軍から東日本大震災における支援活動を展開するために放射性物質の広がりを予測する「緊急時迅速放射能影響予測ネットワークシステム」（SPEEDI）のデータを提供してほしいとの要請を受けました。そのため、外務省は、文部科学省に依頼し、公益財団法人原子力安全技術センターから電子メールで送信を受けた本件データを在日米軍に電子メールで送信したのですが、それらのデータや関連文書はすでに廃棄しており保有していないと説明しています（2014年6月9日〔平成26年度（行情）答申第75号〕）。ちなみに、国民より先に米軍に情報を伝えたことがのちに問題となりました（2017年7月10日付朝日新聞）。

(8) 働き方改革データ偽造問題

2018年1月29日の予算委員会にて、安倍晋三首相が裁量労働制に関して「平均的な方で比べれば、一般労働者より労働時間が短いというデータもある」と強調しましたが、14日には答弁を撤回することになりました（2018年2月14日付朝日新聞）。理由は、首相は厚生労働省による平成25年度の「労働時間等総合実態調査結果」に基づき、裁量労働制の労働時間（1日平均9時間16分）が一般労働者（1日平均9時間37分）より約20分短いというデー

タを根拠に話していたのですが、両者の算出方法が異なっていて比較できる性質のものではなかったからです。

　要するに、裁量労働制が1日の労働時間で調査しているのに、一般労働者は1日の残業時間のみを調査し、この平均値に法定労働時間である8時間をプラスしたうえで1日の労働時間を算出していました。

　さらに、2月22日の衆議院予算委員会で、加藤勝信厚生労働大臣は、新たに117件の不適切データが見つかったことを認めましたし、14日にはないと答弁していた調査票の原本も同省の地下室で見つかったことが明らかになりました。

(9) 障害者雇用水増し問題

　2018年8月28日の厚生労働省の調査報告によると、国の33行政機関が2017年に雇用していた障害者約6,900人のうち、27の行政機関で3,460人が不正算入されていたことが判明しました。もっとも多かったのが、国税庁の1,022.5人で、国土交通省（603.5人）、法務省（539.5人）、防衛省（315人）、財務省（170人）と続いています。厚生労働省のガイドラインでは、雇用率に算入できるのは障害者手帳を持っているか、指定医の診断書で障害が認められた人に限定されるのですが、がんや糖尿病、視力などを障害と判断していたケースもありました（2018年8月29日付毎日新聞）。

(10) 失踪外国人データ偽造問題

　2018年11月16日、衆議院法務委員会理事懇談会にて、法務省が入管法関連データである「失踪外国人技能実習生への聞き取り調査結果」を発表し、事前説明の数値に誤りがあったとして訂正しました。訂正されたのは、「聴取した人数」（2,892人→2,870人）、「より高い賃金を求めて」（2,514人→1,929人）、「指導が厳しい」（155人→362人）、「暴力を受けた」（88人→142人）、「帰国を強制された」（77人→71人）でした。法務省はこれらの訂正理由を集計データの入力ミスと説明しています。しかし、当初の結果のもとになっている個々の実習生の聞き取り結果を記す聴取票に記された失踪理由の選択肢は「低賃金」「契約賃金以下」「最低賃金以下」などで、「より高い賃金を求めて」という選択肢はなかったため、野党から批判を浴びることになりました（この点につき、たとえば2018年11月17日付東京新聞）。

国民主権原理を有名無実化する事例

　次に、外交関係（⑴⑵）、財務省関係（⑶）、皇室関係（⑹⑾）、経済産業省関係（⑺）、総務省関係（⑼⑽）と個別の行政機関が引き起こしただけでなく、複数の行政機関が関わる公文書管理の問題（⑸⑻）によって、国民の知る権利や国民主権原理が有名無実化する事態が生じた事例を紹介したいと思います。そのほかに、自治体関係（⑷）、政治家関係（⑿）も紹介することにします。

⑴　日朝平壌宣言国会想定問答集不存在問題

　外務省は、「国会想定問答集」が性質上、当日限りの手持ち資料である国会答弁案を作成する際の参考資料にすぎないし、国会終了後すぐに会議録が作成されるので、「国会想定問答集」自体を長期保存することは想定されていないとしました。

　そして、小泉純一郎首相（当時）が訪朝時に結んだ「『日朝平壌宣言』に関する国会想定問答集」についても、同宣言署名（2002 年 9 月 17 日）直後に作成された可能性があるが、その保存期間は 1 年未満であったはずであるので、存在を確認できなかったとしました（2010 年 1 月 26 日〔平成 21 年度（行情）答申第 485 号〕）。

⑵　TPP 交渉過程記録未作成問題

　民進党の山井和則国対委員長代理は 2016 年 3 月 30 日の記者会見において、内閣官房 TPP 政府対策本部より「甘利前大臣とフロマン代表とのバイ会談の内容については、内閣官房 TPP 政府対策本部の一部の幹部職員のみで共有、記録は作成していない」との説明があったことを明らかにしました。そして、一番重要な交渉についてメモや記録が一切残されておらず、口頭・伝聞で共有したという点は本来ありえないことだと政府の対応を批判しました。

　さらに、民進党「TPP 交渉過程解明チーム」の求めにより、4 月 5 日夜に政府が衆院 TPP 特別委員会理事懇談会の場に提出した甘利前大臣とフロマン米国通商代表の交渉に関する資料も公開しましたが、45 頁中タイトル以外はすべて墨塗りで真っ黒というものでした（民進党ウェブサイト内の 2016 年 4 月 8 日の記事 <https:minshin.or.jp>）。

(3) 森友学園問題

　2016年6月20日、財務省近畿財務局は学校法人森友学園に貸し付けた大阪府豊中市の国有地を同学園に売却しました。学園が土地取得を望んだのは小学校を新設する計画があったからで、学校の名誉校長は首相の妻である安倍昭恵氏でした。

　この点、財務局は売却額を非公表としました。そのため、朝日新聞がこの取引を疑問視する報道を2017年2月9日に行いました。すると、昭恵氏の関与の可能性や、鑑定価格から8億2,000万円を値引きした1億3,400万円で売却したことが判明し、国会での追及がスタートすることになりました。それに対して安倍首相は「私や妻が関わっていれば首相も国会議員も辞める」と答弁し、佐川・元財務省理財局長は取引の正当性を主張する一方、記録は廃棄したという答弁をしました。

　この問題は一度は沈静化しかけたものの、2018年3月2日、再び朝日新聞が「森友文書書き換えの疑い　財務省、問題発覚後か　交渉経緯など複数個所」という報道をした結果、佐川氏が国税庁長官を引責辞任、12日には財務省が14件の文書改竄を認め、麻生財務大臣が謝罪することになりました。

　そして同年6月4日、財務省は、国会紛糾を避けるために佐川氏主導で改竄が行われたことを認めましたが、なぜこのような不正が行われたのかは明らかになりませんでした。また、5月31日、大阪地検特捜部は対象の38人を不起訴にしましたが、なぜそのような結論に至ったのかは不明のままです。

　この点、会計検査院は、値引き理由である地下埋蔵物の撤去・処分費用の算定根拠が不十分だとしています。また、2018年11月22日には、決裁文書を改竄した財務省の対応を問題とする追加検査の結果が参議院予算委員会理事懇談会に提出されています（以上の森友学園問題につき、2018年9月6日付朝日新聞記事「2018年度新聞協会賞　消えた文言掘り起こす――財務省による公文書の改ざんをめぐるスクープ」に詳しい）。

(4) 東京都豊洲市場議事録不存在問題

　東京都の豊洲市場の主要建物の下部に盛り土がされなかった問題に関して、議事録など資料がほとんど残されていなかったため、2016年9月30日、

豊洲市場地下空間に関する調査特別チームが出した報告書は、32人の担当職員らへのヒアリングと過去の資料の分析でまとめるという異例のかたちになりました。

(5) 愛媛県加計学園問題

　加計学園問題とは、国家戦略特区制度にて、学校法人加計学園が愛媛県今治市に岡山理科大学獣医学部を新設しようとした際に生じた一連の問題のことをいいます。この学園の理事長が安倍首相の腹心の友である加計孝太郎氏であること、同時期に京都府と京都産業大学も同学部新設に名乗りを上げていたにもかかわらず募集要件も含め今治市が前提かのように話が進んでいること、それを裏づけると思われる内閣府と文部科学省のやりとりを示した文書の存在（たとえば、「総理のご意向」や「官邸の最高レベルが言っていること」と書かれた文書やメールなど）などから、多くの疑問の声が上がることになりました。

　2017年5月17日、朝日新聞は、「総理のご意向」等と記された文部科学省の文書の存在を報道しました。しかし、それに対して菅義偉官房長官は当初、「怪文書」としてとりあわず、文部科学省も文書の存在を確認できなかったとしたうえで、追加調査も行わないとしました（のちにいくつかの内容が酷似した文書が見つかり、松野博一文部科学大臣〔当時〕が謝罪しました。しかし内容の信憑性に関しては「個人メモ」などとして明らかになりませんでした）。

　また、安倍首相は、加計学園の獣医学部新設計画について知ったのは今治市が同学園を選定した2017年1月20日であるとし、事前の働きかけはなかったと答弁していましたが、2018年5月21日に愛媛県が参議院予算委員会に提出した文書によると、2015年2月25日に安倍首相が加計理事長と新設計画についての面談をし首相が「いいね」と言ったこと、柳瀬唯夫首相秘書官（当時）が学園側に資料の提出を指示したこと、柳瀬氏が面談後も今治市や愛媛県職員と面会したことが記されており、「首相（総理）案件」と述べた記述がいくつも残っていたことが判明しました（これについても柳瀬氏ら関係者は一切否定しており、加計理事長も愛媛県文書を確認することすらせず内容を否定する釈明会見を開きました）。

　この問題ではさらに、今治市から2017年8月に開示された復命書も、2016年12月に開示請求によって開示されていたものと差分があることが判

明し、改竄が疑われています。

(6) 天皇退位に関する皇室会議議事録未作成問題

　2017年12月1日、天皇の退位日を決めるために開かれた「皇室会議」（議長・安倍首相）において、衆参両院議長、最高裁長官、宮内庁長官、皇族らが議員として出席しました。そこでは、10人全員が発言したにもかかわらず、政府が公表したのは、発言者も記されない、3つの大まかな意見が記された議事概要のみでした（2018年9月17日付毎日新聞）。安倍首相が提示した2019年4月30日案（最終決定案）以外にも、赤松広隆衆院副議長が提示した18年末退位案もありましたが、これも記載されていませんでした。

(7) 経済産業省・公文書管理に反する指示問題

　経済産業省の筆頭課長補佐級職員約20人が出席する「政策企画委員会」で事務連絡資料として配布された2018年3月27日付「公文書管理について」では、「記録」は「『いつ、誰と、何の打ち合わせ』（をした）かがわかればよく、議事録のように、個別の発言まで記録する必要はない」と記され、即日廃棄扱いとされていました（2018年8月30日付毎日新聞）。

　森友学園問題や日報問題などにより2017年12月、公文書管理に関するガイドラインが改正されたのですが、この資料はそれ以後生じた事例であったことが再び衝撃を与えました。

(8) 行政文書ファイル名抽象化問題

　国民は政府サイト"e-Gov"を通じて、公表された行政文書ファイル名を検索することができるのですが、防衛省の管理簿に記載されるファイル名は具体的なものでなく、たとえば、セクハラなどの防止教育に関する内容のタイトルが「道徳の教育実施に関する文書」となっているなど、抽象的なタイトルがつけられているものが多くあり、国民が検索しにくいばかりか、保管状況がわからなくなるため、職員の仕事にも悪影響を与えていることがわかりました（4万件以上）。これは防衛省の職員が匿名で毎日新聞の取材に応じた内容で5月13日に明らかになったものですが、防衛省は2018年5月25日、証言した職員を特定する調査を開始しました（2018年5月26日付毎日新聞）。

　その後も、同省は震災文書名を抽象化したことなどが発覚しますが、実は防衛省だけの問題ではありませんでした。国立公文書館が省庁作成リス

トに記載されたファイル名を主要材料として廃棄か保存かを判断する際、それらの情報では判断できなかったため、各省庁にその内容を照会するケースが数多く生じていたのです（2016・2017年度の2年間で約20万件）。先の防衛省はトップの108,080件で、厚生労働省、財務省、国土交通省などが10,000件台という内訳で、40省庁中39省庁が行っていたことも判明しました（2018年6月14日や8月5日付毎日新聞）。

(9) 個人情報請求者漏洩問題

2018年5月2日、朝日新聞記者が、野田聖子総務大臣の事務所と金融庁の担当者が仮装通貨の規制などをめぐり面会した記録の開示を金融庁に求めました。しかし、開示決定前の23日、同庁の情報公開担当職員が総務省大臣室のスタッフに開示決定通知書と面会記録のコピーを渡してしまいました。請求者名は墨塗りにしているのですが、請求者が朝日新聞記者であることは口頭で伝えており、7月24日の記者会見で野田大臣は総務省職員から請求内容を伝えられ、5月下旬の懇談会で話題にしたことを認めました（2018年7月26日付毎日新聞）。

このような漏洩事例は自治体レベルでも見受けられるのですが、総務省が情報公開法に基づく所管庁であるということでよりいっそう問題になりました。

(10) 総務省有識者会議議事録不存在問題

2017年6月、高知県大川村が議員のなり手不足により議会が維持できなくなる万が一の事態に備えるために、その代わりとなる有権者参加型の町村総会を検討し始めた流れを受けて、2017年7月、総務省の「町村議会のあり方に関する研究会」が開かれました。2018年7月24日、総務省は当会の議事録は公文書に該当しないとして毎日新聞による情報公開請求で不開示にしたことを明らかにしました。

しかし、議事録は公費で発注した業者が出席者の発言を録音しテープ起こししたものでした。情報公開請求した毎日新聞がのちに入手した当会会議のテープ起こしから、山崎重孝自治行政局長が町村総会に否定的な見解を示し議論をリードする場面などを報道した結果、不都合な事実を隠そうとしたのではないかという批判を浴びることになりました（2018年7月24日付朝日新聞。詳細は、2018年7月22日付毎日新聞）。

⑾　宮内庁ファイル所在不明問題

　2018年8月17日、6月に毎日新聞が行った閲覧請求により、宮内庁の職員人事や給与などが閉じ込められている、2013年11月に宮内公文書館の所蔵資料目録に登録された宮内庁のファイル『重要雑録　平成9年度』の所在が不明になっていることが判明しました。

⑿　政党資金収支報告書で明らかになった問題

　2018年11月30日、総務省が公表した2017年政治資金収支報告書により、使途に関して開示する義務がない組織活動費の総額が31億円に上ったことが判明しました。組織活動費は政治資金規制法が規定する政党が政治資金から支出する費目（その他人件費、選挙関係費など）ですが、政治の透明性確保の点から長い間問題とされてきました（二階俊博議員はそのうち13億8,290万円受け取っています。たとえば、週刊新潮2018年12月13日号記事「何に使った『二階幹事長』自民党からの『機密費』14億円」）。これと同時に、政治資金収支報告書に関しては、政治資金収支の記載漏れも多く、たとえば、近年では工藤彰三国土交通省政務官や片山さつき内閣府特命担当大臣がここ数年間の修正をいく度も行っていることが判明しました（さらには、萩生田光一自民党幹事長代行に関する件も発覚。2018年12月12日付毎日新聞）。

平和主義を有名無実化する事例

　最後に、PKO派遣など、自衛官らの人権を損ない、最大の人権侵害である戦争につながる可能性のある、平和主義原理を有名無実化する公文書管理事例について紹介したいと思います。

⑴　海自航泊日誌細断問題

　2007年7月26日、海上自衛隊の補給艦とわだの航泊日誌の保存期間を海曹らが誤認識した結果、保存期間中で本来破棄してはならない2003年7〜12月までの航泊日誌を細断機で細断しました。その後、細断されたものは、ユニバーサル造船株式会社因島事業所の可燃廃棄物置き場に集積され、当該事業所において処分されてしまっています。

⑵　イラク戦争関連資料廃棄問題

　イラク戦争開戦時の誤情報に関する米国大統領の認識に対する、政府の見解などに関する質問主意書への答弁書の作成過程に関して、外務省は、

内閣法制局とのやりとりは口頭であったため文書は当初より存在していなかったとしています。また、その後の細部の調整は電子メールにて行われているのですが、用済みとなった時点で廃棄したとしました（2010年3月30日〔平成21年度（行情）答申第646号〕）。

(3) 集団的自衛権の閣議決定に至る政官接触の記録の不存在問題

　2015年9月28日の毎日新聞の報道を受け、江崎孝議員は2016年1月21日の参議院決算委員会において、集団的自衛権の行使容認の閣議決定（2014年7月1日）に至る議論の経過が一切残っていないということが本当か否か質問しています。

　これに対し、横畠裕介内閣法制局長官は「公文書を一切残していないということではございません」としながらも、「……閣議決定で示された考え方が、現行の憲法第9条、さらにはこれまでの政府の憲法の考え方の基本、昭和47年の政府の見解として御説明してございますけれども、それに整合するものであるかについては、もちろん議論、検討をしたわけでございます。ただ、それを議事録というような形で残すという性質のものではないと考えております」と発言しました。その理由として、憲法の条文やそれまでの憲法に関する政府の議論は国会議事録などの資料を下敷きとして、「その新しい考え方をどのように理解、整理するかという議論でございまして、その中身につきましては、昨年の国会におきましてまさにるる御説明させていただいた」からだとしました。

(4) 日報問題

　2016年9月30日、ジャーナリストの布施祐仁氏が「南スーダン派遣施設隊が現地時間で2016年7月7日から12日までに作成した日報」の情報公開請求を行った結果、12月2日、防衛省からは日報はすでに廃棄しており、保有していなかったため、文書不存在につき不開示決定したという通知がなされました。自衛隊の基礎資料でもある重要文書が短期間で廃棄されたことや、11月15日に政府は新たに南スーダンに派遣する部隊に駆け付け警護任務を付与する閣議決定を行ったことから、違和感を持った布施氏がSNSで発信したことにより、あちこちでこれはおかしいという反応が拡がることになりました。

　自民党の河野太郎議員は日報の存否の再調査を要求し、さらに稲田朋美

防衛大臣も文書の再捜索を指示したため、防衛省でも調査を開始した結果、廃棄されているはずのデータが"たまたま"見つかることになりました。政府は派遣されるジュバは安定しているとしていましたが、公開された日報には「戦闘」という文言が繰り返し出てきていました（以上の点につき、現代ビジネス編集部「南スーダン撤退　あの日報を引きずり出した情報公開請求の『威力』」2017年3月11日付現代ビジネス <https://gendai.ismedia.jp/articles/-/51186> に詳しい）。この後も、なかったはずの日報が次から次へと発見されることになるのですが、イラク派遣の日報について、防衛省は2017年3月に発見していたにもかかわらず、防衛大臣に約1年間報告しなかったという事態も発生していました（2018年4月2日発表）。

(5)　統合防衛戦略文書廃棄問題

　防衛省は、周辺有事の自衛隊対応をまとめた「統合防衛戦略」（2014年10月統合幕僚長決裁を受け完成）作成にあたり、取得し作成した行政文書は、情報流出の防止等の情報保全の観点を重視し、当該文書が完成し、"秘"の指定がなされた後、すべて廃棄したと説明しています（2016年11月21日〔平成28年度（行情）答申第532号〕）。そのほかにもたとえば、統合防衛戦略作成を命じた文書なども、統合幕僚長から口頭による指示が行われたのみで、作成を指示する文書などは作成していないことが判明しました。

(6)　警察庁・カンボジアPKO隊員記録非保存問題

　2018年6月7日、井出庸生議員は「尊い命が失われたカンボジアPKOを評価、検証し、未来の政策に活かすことに関する質問主意書」（質問第363号）で、①カンボジアPKOに関する隊員たちへの聞き取り作業を含む検証作業の可否や文書の作成、②1993年7月カンボジアから帰国した74名の隊員らのアンケート調査や各隊員の報告書、そして階級ごとの業務検討会の内容を総括した「カンボディア派遣国際平和協力隊員（文民警察要員）業務検討会及び業務アンケートの結果まとめ」と題された「警察庁がまとめた内部文書」の保管状況、③警察庁に提出したとされる当時文民警察隊長だった山崎裕人氏の「総括報告」の現在の保存、管理状況などを質問しました。

　これに対し、6月15日付の政府答弁書（内閣衆質196第363号）は、②③に関して、警察庁には保存されていないと回答しています。また、①に関しては、検証作業の具体的に意味するところが必ずしも明らかでないとした

のですが、③と同様、「今後、御指摘の『記録、映像など』を取得することとなった場合には、公文書等の管理に関する法律……等の関係法令の規定に基づき、適切に対応することとなるものと考えている」としました（これらの点につき、2018年8月30日付毎日新聞に詳しい）。

（榎澤）

第2部

日本の公文書管理体制

2-1　公文書管理法制はどのように整備されたのでしょうか？

公権力が情報を独占できないようにするための方策

　公権力が情報を独占し、市民の意思を完全に無視した施策を進めるような社会にならないようにするためには、①社会のありようを決定する一人ひとりの個人に対し、憲法が情報公開を請求する権利としての「知る権利」を保障するとともに、②それを具体化するために情報公開や公文書管理に関わるしくみを定める法律を制定し、それらを適切に履行していくことが求められます。

　日本の文脈でいうと、情報公開法と公文書管理法がそれらの法律に該当します。行政機関などが収集した情報やそれらに基づいて作成された公文書などが法律に従って適切に保存・管理されなければ、重要文書であるにもかかわらず勝手に廃棄されたり、または紛失により所在がわからなくなったり、といったことが起きます。これでは、いくら情報公開に関する法律が存在しようとも、市民は必要な情報を入手することはできません。そうであるからこそ、情報公開と公文書管理の法律は同時にセットとして存在しなければ、意味をなさないのです（両法律の解説は 2-2、2-3 参照）。

　以下では、世界人権宣言などを通して国際的に確立されてきた知る権利と憲法上の解釈、および情報公開法と公文書管理法の制定経緯についてみていくことにしましょう。

世界人権宣言と憲法上の「知る権利」

　世界人権宣言（1948 年に国連総会で採択）19 条は、意見および表現の自由の中には「情報及び考えを求め、受け取り、及び伝える自由」が含まれることを明言しています。表現の自由という考え方は元来、メディアなどの情報を発信する側の自由を保障することを出発点としていました。そもそも情報の発信とは、受け取り側がいてこそ成立するものです。しかし、伝達

手段の発展を通して、メディアが大量の情報を流すことができるようになったことから発信側が力を増すことになり、受け取り側との間で差や分離が生じました。また、社会における情報に対する価値観も大きく変わってきたことから、表現の自由の意味を受け取り側の視点から再考することが求められるようになりました。ここから「知る権利」という発想が生まれたのです。そうした背景を受け、世界人権宣言19条の中に上述の自由が含まれることになりました。自由権規約（市民的及び政治的権利に関する国際規約、1966年に国連総会で採択）も19条2項で同様の規定を盛り込んでいます。

　日本国憲法は知る権利について明文規定を置いていません。しかし、現在の憲法学の通説では、主には国民主権原理、表現の自由（21条1項）、個人の尊重（13条）および思想・良心の自由（19条）などを根拠に、知る権利を情報開示請求権（行政機関などの公権力に対して情報公開を求める権利）として認める考え方が定着しています。これは国務請求権（受益権）、すなわち国民が国家に対し、国家がすべきことを請求することで利益を得ることができる権利のひとつとして解されるものです。市民による情報公開請求を通して、結果的に社会の民主化が促進されることになるため、情報公開請求権は民主主義を担保するという意味でも必要不可欠な権利といえるでしょう。

　国民主権を原理とする国家では、公的な情報は第一義的に主権者である国民に属します。国民が公的な情報を平等に知ることができなければ、国や自治体レベルの政治のあり方を決定する過程に主体的に参画することはできないからです。その意味で、知る権利は参政権的な性格を有する権利ともいえるでしょう。

　このように現行憲法の解釈から知る権利を導くことができるとはいえ、一方でそれは抽象的権利として考えられています。したがって、それを具体的な請求権として保障し、そのための手続を定めるために立法化されたものが次に述べる情報公開法なのです。

情報公開法の制定経緯

　日本では、1971年の外務省機密漏洩事件をきっかけに、市民の間で情報公開請求開示権としての「知る権利」が知られるようになりました。また、

時間は前後しますが、高度経済成長期にあった1960年代後半から工場の排水や排煙により身体に悪影響を及ぼす公害事例が多発したことから、市民運動の中から情報開示のための制度を求める声も出されていました。こうした市民による関心の高まりや粘り強い訴えが、1980年代から始まった自治体レベルでの情報公開条例の制定の動きや1999年の情報公開法（行政機関情報公開法）の制定（2001年施行）をもたらした最大の貢献者であるのです。まずはこの点を看過するわけにはいきません。

　長年にわたり政権与党であり続けた自民党は、情報公開の立法化について後ろ向きの態度をとってきました。なぜなら、同党は政権を維持するためには、自党所属の政治家と行政機関による情報の独占が不可欠だと考えてきたからです。一方、野党は1976年のロッキード事件を含む一連の汚職事件でみられたように、行政側の情報不開示により不祥事の真相究明が進まないことへの打開策として、情報公開の立法化を求めてきました。たとえば、公約に立法化を盛り込んだり、実際に1993年6月に複数の野党が共同で行政情報公開法案を参議院に上程したりといった動きを挙げることができます。

　その後、1993年8月に非自民からなる連立の細川政権が誕生したことを契機に、一気に情報公開の立法化の動きが進みました。同政権が連立政権を組むにあたり、「行政情報公開の推進」が合意書に盛り込まれ、「行政改革」の名の下でそのための動きが進められることになったからです。同政権は短命で終わりましたが、立法化の流れはこの後に成立した政権にも受け継がれました。

　ちょうどその時期に、市民が情報公開の重要性をさらに認識することになる2つの事件が起きました。1つ目は、1995年の動力炉・核燃料開発事業団（現日本原子力研究開発機構）による高速増殖炉もんじゅ事故映像編集問題です。2つ目は、1996年の厚生省（現厚生労働省）による薬害エイズ資料隠蔽問題です。細川連立政権以後の行政改革の動きに加え、社会に大きな衝撃を与えたこれらの事件が、情報公開法の制定を求める市民の声をよりいっそう強めることになりました。こうした市民の声や野党の動きに加え、財界関係者からも経済活動を進めるうえで必要な情報の開示を求める声が出されるようになっていました。それらを受け、それまで消極的な姿勢を

とり続けてきた自民党もさすがに立法化を進めざるをえなくなったのです。この結果が1999年の情報公開法の制定です。ただし、同法には「知る権利」が明記されていないなどの問題もあり、将来的に改正が必要です。

また、情報公開法の制定にもかかわらず、近年の森友学園問題などが物語るように、情報公開に対する消極的姿勢はいまだに自民党の体質として根強く残っているといわざるをえないことも指摘しておきます。

公文書管理法の制定経緯

市民が情報公開法の下で国が保有する特定の情報の開示手続を行っても、請求対象文書が請求先の行政機関に存在しなければ、「不存在」という理由で却下されることになります。実際に同法施行以後、不存在という結果で終わる請求事案が多発しました。

その理由はいくつかあるのですが、大きく分けると次の2点になります。まず、情報公開法施行時に各行政機関が文書管理規則を変更し、文書保存期間を原則最長30年としたためです。各行政機関は保存期間が満期となる文書については、①期間の延長、②公文書館などへの移動、③廃棄のいずれかの処分をとります。残念なことに、規則の変更に基づき、保存期間満了となった文書が大量に廃棄されるという事態が生じたのです。

2つ目は、情報公開法の下で情報開示の対象となることを避けるために、行政機関が外部の目に触れると好ましくないと思われる文書については、あらかじめ"作成しない"という手段を用いるようになったためです。また、何らかの関連文書が作成される場合でも、それらを同法の適用対象とされない「個人メモ」の形で残し、請求対象の文書の不存在を理由に請求を却下するというやり方がとられるようになりました。

このような状態が続くかぎり、いくら情報公開制度がつくられていても意味をなしません。そこで、行政機関がおのおのの文書管理規則に基づいて実施してきた文書管理を問題化し、公文書の管理を適切に行うために、各機関共通の管理方法を法制化することが求められるようになりました。この中で法制化の動きを進めるために大きな役割を果たしたのが、情報開示に消極的な自民党の出身ではあるものの、公文書館に個人的な関心を寄せていたといわれる元衆議院議員の福田康夫氏でした。

官房長官を経て 2007 年に首相に就任した福田氏は、同年から 2009 年までの 3 年間に公文書管理法の制定に熱心に取り組みました。その一環として、たとえば「行政文書・公文書等の管理・保存に関する関係省庁連絡会議」や「公文書等保存・利用推進室」が設置されたほか、自民党出身で情報管理に詳しい上川陽子議員が公文書管理担当大臣として任命され、その下で「公文書管理の在り方等に関する有識者会議」が開かれることになりました。とりわけ同有識者会議がまとめた報告などに基づいて、具体的な立法化が進められました。

　時を同じくして、2007 年には社会を揺るがした、消えた年金記録問題、海上自衛隊の航泊日誌の保存期間満了前の廃棄問題、厚生労働省による C 型肝炎患者記録放置問題などが立て続けに起き、社会的にも情報管理のずさんさが大きく問われることになりました。こうした社会の動きと福田政権の取り組みが連動した結果、情報公開法から 10 年が経過した麻生政権時代の 2009 年に、公文書管理法が制定（2011 年施行）されるに至ったのです。

（清末）

2-2 公文書管理に関わる法律はどのようなものですか？

公文書管理法の課題

　公文書管理に関わる法律としては、まずもって公文書管理法を挙げることができます。公文書管理法は長年制定が望まれ、ようやく制定施行されたものですが、多くの課題を残しています。代表的なものは公文書の範囲が狭いこと、そして公文書管理体制が不十分で、貧弱な公文書管理機関しかないことです。

　公文書管理法では公文書を、①行政機関の職員が職務上作成・取得し、②組織的に用い（共用し）、③行政機関が保有しているものとしています（2条4項）。これでは、職員が個人的に作成し、組織内で共用していないとされているもの（職員の個人メモや覚え書き）、現に保有していないものは公文書ではないことになります。また、4条1項の「軽微」なものに該当するかどうかの判断も、公文書管理法ガイドラインで細かく定められているにもかかわらず厳格に運用されているわけではないようにみえます。また、特定歴史公文書を指定する権限が国立公文書館長にあるわけでもなく、公文書管理委員会も独立性が弱く、有識者とはいえ専門家で構成されているともいえないため十分に機能することが最初から期待しづらくなっているのです。

　しかし、現状の課題は、公文書管理法制定時に懸念されたとおりに、制度上の抜け穴を最大限活用しようとする運用のあり方からきているものです。制度の適正な運用を確保するとともに、運用のあり方そのものを改める必要があります。

　いわゆる「モリカケ」問題は法に規定された適正な公文書管理がなされていれば、もっと早く問題が発覚していたでしょうし、そもそも問題自体が生じなかったとも考えられます。有力な政治家（の配偶者）との関係を背景にした行政への圧力の下で起こった国有地の価格評価と市場価格から大幅

に減額されたうえでの国有地の売却を主要な問題のひとつとする大阪府での森友学園問題でも、やはり有力な政治家との関係を背景にした、大学設置審の審査で数多くの是正要求が出されたうえでの大学設置認可、各種の補助金の支給、異例の条件での公有地の提供を主要な問題とする愛媛県での加計学園獣医学部設置問題でも、組織的共用文書ではない、保有していないということを口実にして、文書・資料の提出を各省庁が出し渋ってきました。このことは、公文書管理法制定時に衆議院と参議院それぞれで出された附帯決議ですでに示されていた改善必要項目が、ほとんど実現されていないことを表しています。

　また公文書の改竄については、さすがに公文書管理法制定時に抜け道として行政側が想定していたということはないのではないかと信じたいところですが、最低限両院の附帯決議の内容を踏まえた法改正がなされ、運用も改善されていれば、そもそも起こらなかった可能性が高いのではないかと考えられます。参議院の附帯決議の2では、文書主義の徹底、政策形成過程の各段階での記録の作成、軽微性を理由とした書類の不作成の防止、文書の共用性についての解釈の柔軟化、書類の不必要な廃棄の防止を要請しています。

　現実には、省内外の打ち合わせや折衝については発言内容は記録する必要がないとする、公文書管理法ガイドラインすら無視するような運用が行われていることを示す経済産業省の内部文書の存在が報道されており(2018年9月4日付朝日新聞)、運用のあり方はむしろ悪化しているといえます。最低限、衆参両院の附帯決議をふまえ、過去の公文書に関する問題や近年露見した問題（イラク日報隠蔽問題、「モリカケ」問題、裁量労働制に関するデータ捏造問題、統計不正問題などなど）からの教訓を反映した法改正と運用の改善が早急に必要となっています。その中には、狭すぎる文書の組織共用性や恣意的な軽微性の判断を防止するような公文書の定義、独立した公文書管理についての第三者機関の設置、公文書管理全体に関わる組織、人員の充実、場合によっては罰則規定の導入などがあるでしょう。

公文書管理法が対象とする「公文書等」

　「公文書等」を行政文書、法人文書、特定歴史的公文書等と定義していま

す（2条8項）。それらの公文書は、行政機関等の意思決定の経緯・過程、事務事業実績の合理的跡づけ・検証が可能になるように、軽微なもの以外は①法令の制定改廃や②閣議や行政機関の長の会議・省議の決定・了解とその経緯、③申し合わせ・基準の設定などの経緯といった政策決定の経緯、④個人・法人の権利変動と経緯、⑤職員人事についての書類を作成しなければならないとされています（4条1号〜5号）。つまり重要事項について必ず文書を作成することを定めているのです。

公文書の管理・運営・保存・廃棄

　行政文書が実際に使えるようになるためには、関連する公文書がまとめられ、整理され、適切な名前がつけられて、ファイルの目録が整備される必要があります。また、いつまで保存するのか、そのあとどうするのかということがあらかじめ決められていないと、膨大な行政文書の扱いに困ることになります。そのため公文書管理法では、行政機関の長が行政文書を分類し、名称を付し、保存期間・保存期間満了日を設定することになっています（5条1項）。行政機関の長は関連する公文書を一の集合物・行政文書ファイルにまとめ（5条2項）、名称を付し、保存期間・満了日を定め（5条3項）、場合によっては満了日を延長し（5条4項）、保存期間満了日よりできるかぎり早い時期に特定歴史公文書として国立公文書館等へ移管するか、廃棄するかを決めることになっています（5条5項）。

　こうしてファイルにまとめられた行政文書は適切に保存され、利用されやすい状態で管理されなければなりません。そこで行政機関の長は、行政文書ファイルを適切な場所・記録媒体で、識別を用意する措置を講じて保存し（6条1項）、行政文書ファイル等の分類・名称・保存期間・保存期間満了日・満了後の措置・保存場所を帳簿・行政文書管理ファイル簿に記載しなければならないことになっています（7条1項）。行政文書管理ファイル簿は行政機関の事務所で一般の閲覧に供され、インターネットを通じて公表されます（7条2項）。

　行政文書は、保存期間が満了したあとは国立公文書館等に移管されるか廃棄されますが（8条1項）、何の制約もなしに移管か廃棄かを決められるということになると、都合の悪そうなものはなんでも廃棄してしまえというこ

とになりかねませんので、廃棄する場合は総理大臣と協議し同意を得たうえで廃棄されます。同意が得られなかった場合は、あらためて保存期間・保存期間満了日を設定し、引き続き保存することになりますし（8条2項）、総理大臣は行政機関の長に対して廃棄の措置をとらないように求めることもできます（8条4項）。公開することが適切ではない個人情報が含まれているといった事情がある公文書もありますので、行政機関の長は、国立公文書館等への移管後も利用制限をすることが適切であると意見を付すことができます（8条3項）。

　実際に適切に行政文書が管理されることを確認するために、行政機関の長は、行政文書管理に関する定め・行政文書管理規則（10条1項）を定め、行政文書ファイル管理簿等の管理の状況を総理大臣に報告しなければなりません（9条1項）。それを受けて総理大臣は、その報告をとりまとめて、その概要を毎年度公表しなければなりません（9条2項）。総理大臣は報告・資料の提出・実地調査を行政機関の長や国立公文書館などに命じることができることになっていますし（9条3項・4項）、必要な場合は行政機関の長に対する改善勧告・勧告に対する報告要求をすることができます（31条）。また総理大臣は、関連する政令や規則の制定改廃、各種の同意・勧告の場合には、内閣府に設置され総理大臣に任命された有識者からなる公文書管理委員会に諮問をします（29条）。

　以上の公文書の管理に関する規定は独立行政法人等の法人文書の管理にも準用されるかたちになっています（11条〜13条）。

歴史的公文書等の保存・利用——国立公文書館等の機能

　国立公文書館等へ移管された公文書の保存・利用に関しては公文書管理法の14条から27条に規定されています。移管前の公文書については主に情報公開法の問題になります。国立公文書館等に移管された特定歴史公文書は永久に保存されなければならない点では異なりますが（15条1項）、適切な場所・適切な記録媒体で識別が容易になるように保存し（15条2項）、目録を作成して（15条4項）利用に供されなければならない点は移管前の公文書の管理と共通しています。ただ、公文書の利用については、個人情報漏えい防止のための措置（15条3項）や、個人情報・法人情報、安全保障・

国際的信頼・国際交渉における機微情報、行政機関等の事務事業の適正な執行に支障を及ぼすおそれのあるもの、公共の安全・秩序の維持に支障を及ぼすおそれのあるものに対して制限をかけるなど（16条1項）、さまざまな制約もついています。そのため利用請求に対する処分・利用請求にかかる不作為に不服がある者は国立公文書館長等に審査請求ができます（21条1項）。

自治体の文書管理についての努力義務

　公文書管理法は国の公文書に関する法律ですが、自治体に対しても保有する公文書の適正な管理に関する必要な施策の策定・実施の努力義務を課しています（34条）（この点については2-12参照）。

（奥田喜道）

2-3　情報公開法という法律は関係ありますか？

情報公開法は公文書制度の両輪の一方

　情報公開法とは、行政機関の保有する情報の公開に関する法律（行政機関情報公開法）と、独立行政法人等の保有する情報の公開に関する法律（独立行政法人情報公開法）のことを指しています。後者は独立行政法人等を一般の行政機関に準ずるかたちで定められているものですので、ほぼ同じ内容になっています。

　情報公開法は、公文書のうちでも国立公文書館等に移管された特定歴史的公文書にまだなっていない現用公文書、歴史的公文書の利用に関わる法律ですので、公文書管理一般を規制する公文書管理法とともに公文書制度を担う両輪の一方ということになります。ですので、大いに関係があるというよりも、密接不可分の関係にあるといえます。公文書管理の一般原則や特定歴史的公文書の管理・保存・利用については、公文書管理法が定め、主に現用公文書の開示・利用について情報公開法が定めています。公文書管理法と同様に行政機関が対象で、立法・司法は対象となっていません（この点につき 2-6、2-8 参照）。

　この情報公開法によると、情報公開制度は、民主主義・国民主権の理念の下で情報公開と行政の説明責務の全うを実現することによって、国民の理解と批判の下に公正で民主的な行政を実現するためのものとされています（1条）。国民の知る権利や行政の説明責任といったそのものずばりの言葉は使われていませんが、概ねその方向で法が制定されているとはいえるでしょう。

　情報公開法は以上のように基本的には現用公文書の開示・利用に関する法律ですが、公文書管理法が制定されるまでの間は、公文書管理に関する一般法がありませんでした。そのため、公文書管理の一般法の役割を部分的に果たしてきました。しかし、公文書管理は、現用公文書の開示・利用

だけではありません。公文書の作成・取得、行政機関における適切な利用・管理・保存、十分な権限と管理体制をもった専門の公文書機関による管理・保存、各種の開示請求手続や不服申立手続など情報公開法ではカバーしきれていない部分が多く残ります。そのため公文書管理法が制定されることになりました。

情報公開法の概要

　行政機関情報公開法は全4章26か条からなるもので、1章・総則、2章・行政文書の開示、3章・審査請求等、4章・補則で構成されています。独立行政法人情報公開法は全5章25か条からなるもので、1章・総則、2章・法人文書の開示、3章・審査請求等、4章・情報提供、5章・補則で構成されています。この2つの法律はほぼ同じ内容をもっていますので以降は行政機関情報公開法で説明します。

　まずこの法律の目的は、国民主権の理念の下、情報開示請求権について定め、情報公開のいっそうの推進を図り、政府の説明責務を全うし、国民の理解と批判の下に公正で適正な行政の推進に資することとされています（1条）。

　具体的には、何人（なんぴと）も行政機関の長に当該行政機関が保有する情報の開示を請求することができるとして（3条）、情報開示請求権を定めています。請求者は書面をもって行政機関の長に開示を請求し（4条）、不開示情報以外の情報は開示しなければならないことになっています（5条）。例外としての不開示情報は、①個人情報、②個人識別符号、③法人その他の団体または個人の事業に関する情報で、当該法人・個人の権利・競争上の地位・正当な利益を損なうおそれのあるもの、公にしないことを条件に提供され、合理的な理由があるもの、④国の安全、国際関係、国際的信頼を損なうおそれ、国際的交渉に不利益になるおそれのあるものと行政機関の長が判断するのに相当の理由があるもの、⑤公共の安全と秩序の維持に支障を及ぼすおそれがあると行政機関の長が判断するのに相当の理由があるもの、⑥国の機関等の審議、検討、協議に関する情報で、公にすることで率直な意見や行政の中立性が不当に妨げられるおそれ、国民の間に不当に混乱を生じさせるおそれ、特定の者に不当に利益もしくは不利益をもたらすおそれのある

もの、⑦国の機関等の事務・事業に関する情報で、公にすることによって当該事務または事業の性質上、当該事務または事業の適正な遂行に支障を及ぼすおそれがあるものとなっています（5条1項1～6号）。不開示にも開示できる、開示しなければならない例外が定められています。

一部でも開示できるのであれば、国民の知る権利と公正で民主的な行政の推進に相応に資すると考えられますので、全部ではなく不開示情報を除いた部分開示もあります（6条）。また、不開示情報が記録されている場合であっても公益上とくに必要があるときは、行政機関の長の裁量で開示することができます（7条）。

少し不思議な制度なのですが、行政文書の存否を明らかにするだけで不開示情報を開示することになる場合には、行政機関の長が行政文書の存否を明らかにせず開示を拒否することもありえます（8条）。

行政機関の長は、開示する場合（9条1項）も不開示にする場合（9条2項）も書面で開示請求者に通知しなければなりませんし、開示請求があった日から30日以内に開示する、または不開示にする決定をしなければなりません（10条1項）。事務処理上の困難等の正当な理由がある場合は、30日以内で開示決定を延期することはできますが（10条2項）、延期の期間と理由を直ちに通知しなければなりません。ただ、これにはさらに例外があり、開示請求された行政文書が著しく大量である場合は、相当の部分について60日以内に開示決定をし、そのほかの部分については相当の期間内に開示決定すればよいことになっています（11条）。

情報開示は場合によって関係する第三者の利害に関わる場合もありえますので、第三者に意見書を提出する機会を認めています（13条）。また、開示の方法（14条、15条）や手数料（16条）も規定されています。

開示決定に不服がある場合の不服申立手続も審査請求として規定されています（18～21条）。

4章補則では、開示請求をする者のための情報提供（22条1項）、開示請求についての総合案内所（22条2項）、情報開示制度の監督のための総理大臣への報告と総理大臣の概要の公表（23条）、政府の行政機関保有情報の提供についての施策の充実の努力義務（24条）、自治体の情報提供施策の策定と実施の努力義務（25条）、必要事項を政令で定めること（26条）が規定さ

れています。

情報公開法の課題

　情報公開法は、公文書管理法と同じく多くの課題を残しています。代表的なものは、公文書管理法と同じく、対象となる行政文書が狭いことと、不十分な情報開示制度しか用意されていないことです。情報公開法では行政文書とは、①行政機関の職員が職務上作成・取得し、②当該行政機関の職員が組織的に用い（共用し）、③当該行政機関が保有しているものとされています（2条2項）。公文書管理法の場合と同じく、これでは共用文書ではなく個人メモだとされた場合に開示対象にならないことになりますし、実際には存在していても行政機関が文書を保有していないと言い張れば、やはり情報の開示はされないことになります。

　実際にもイラク日報隠蔽問題では、実は保有していたにもかかわらず、文書がデータとして残っていないということを口実に長期間にわたって開示を拒み、そのことについて防衛大臣は責任を最後までとりませんでしたし、「モリカケ」問題では、これらの言い訳が多用され、開示を拒んでいる間に文書の改竄まで行われてしまったのです。

　また、不開示となる行政文書の範囲が不明確です。法人の利害や公共の安全など理由をつければいくらでも拡げられそうです。

　さらに、情報開示についての総合案内所が各都道府県と地域に設けられ、それなりに情報提供をするという政府の一定の努力は実際になされてはいますが十分ではありません。情報開示請求する行政文書は、数百枚、数千枚の分量になることも珍しくありませんが、実際にはCD-ROMで渡されても手数料は1枚ごとにとることになるため、手数料が高額になり情報開示請求の際の大きな負担になっています。

　そのうえ、請求がされるような行政文書は電子化され、行政機関のネットワークで使われているにもかかわらず、オンラインで交付する方法もまだ広くはとられていません。本来開示請求がなくても率先してオンラインに公開しておくべきものが、公開されていないということもあります。自治体の話ですが、東京都の豊洲市場問題についても、東京都は情報開示を徹底的に拒んできましたが、そもそもこれほどの重要な公共施設に関する

ことなのですから、オンラインで率先して情報開示をしていないこと自体が問題であるといわざるをえません。

　公文書管理ファイル簿がわかりやすく作成されておらず、なかなか開示請求したい行政文書に行き着かないということもあります。イラク日報隠蔽問題ではこのために余計なそれも膨大な負担が国民の側に課されてしまいました。

　これらの現時点で明らかになっている問題もふまえて、情報公開法の本来の趣旨に沿ったかたちで法改正をするとともに、それを誠実に実行することが望まれています。

（奥田）

2-4　公文書改竄を行った場合どう処罰されるのでしょうか？

文書偽造罪はバラエティに富んでいる

　公文書を改竄すると、国家や社会の基本となる公文書に対する公共の信用が失われてしまいます。公文書は、口頭による言葉の伝達とは異なり、意思表示の内容を永続的状態にして示すものです。ある事実の存否を証明したり、権利義務関係を明らかにする証拠となります。一般の市民が作成する文書であっても信用性の保護が重要ですが、公文書についての公共の信用が喪失すれば、社会生活の基盤そのものが崩壊してしまいます。

　デモ行進の市民が「ギゾー、ネツゾー、アベシンゾー」と叫んでいる国に公共の信用はありません。ですから、刑法17章は「文書偽造の罪」を設けて、数々の行為を処罰しているのです。

　刑法17章は、詔書偽造罪（154条）、公文書偽造罪（155条）、虚偽公文書作成罪（156条）、公正証書原本不実記載等罪（157条）、偽造公文書行使罪（158条）、私文書偽造罪（159条）、虚偽診断書作成罪（160条）、偽造私文書行使罪（161条）、電磁的記録不正作出・供用罪（161条の2）を定めています。

　他方、刑法40章の「毀棄及び隠匿の罪」には、公用文書等毀棄罪（258条）が定められています。

　このように文書偽造罪は、実にバラエティに富んでいます。文書の信用性を悪用して、偽造された文書を利用した別の犯罪に結びつくことも少なくありません。偽造文書行使によって詐欺や不正登記が行われるおそれがあります。

すべての文書が「文書」ではない

　文書とは、文字または符号を用いて、永続すべき状態において、物体上に記載された人の意思・観念の表示と定義されます。したがって、刑法上の文書は通常の文書概念と必ずしも同じではありません。刑法上の文書の

要件は、①意思・観念の表示、②可視性・可読性、③永続性、④社会的重要性、⑤名義人の存在、⑥原本性とされます。

① 意思・観念の表示——文書は、表示された意思・観念によって一定の事実を証明するものですから、その内容について「理解可能性」が求められます。具体的な意思の表示とはいえない番号札や名刺は文書ではありません。しかし、意思・観念が省略されて表示された郵便受付時刻証明書や郵便局の日付印も文書です。

② 可視性・可読性——視覚を通して認識される証拠ですから、可視性のないものは文書ではありません。一定の意味内容を読み取れるという意味での可読性も必要であり、暗号で書かれていても当事者は理解可能ですから文書といえます。他方、録音テープ、レコード、ビデオテープ、電磁的記録は文書ではありません。電磁的記録は刑法161条の2において独立して保護されます。マイクロフィルムは、専用装置を利用すれば読み取りが可能であり、商品バーコードも同様に理解されています。

③ 永続性——文書はある程度の永続性をもつべき状態で物体上に記載された表示でなければなりません。黒板にチョークで書いた文字は文書性を有しますが、砂の上に書いた文字は文書性を有しないとされます。

④ 社会的重要性——あらゆる文字の表示が文書となるわけではありません。文書偽造罪の保護法益は文書に対する公共の信用とされますから、公共の信用の対象となるものだけが客体となります。表示内容が社会生活における重要な事実についての証拠となるものでなければなりません。私文書偽造の客体は「権利、義務若しくは事実証明に関する文書」に限られるので、小説や学術論文は文書ではありません。

⑤ 名義人の存在——意思・観念の表示ですから、その主体である名義人の存在が必要です。名義人とは、文書から読み取れる作成者のことです。名義人が誰かを判別できないものは文書ではなく、出所不明の怪文書です。ただし、名義人が実在することを必要とせず、架空人名義や死者名義の文書も客体となります。

⑥ 原本性——原本とコピー（写し、写真コピー）の関係については争いがあります。多数の学説は、コピーはコピーであって原本ではなく、原本の存在を示すものにすぎないので、コピーであることが明らかなコピーの

文書性を認めません。しかし、最高裁判決は、コピーにも原本と同様の社会的機能と信用性があることを理由に、写真コピーも文書偽造罪の客体になりうるとしました。

なお、公用文書等毀棄罪（258条）における「公務所の用に供する文書」は、現に公務所において使用中の文書、または使用の目的で保管されている文書をいいます。公文書偽造罪の公文書と違って、私文書や偽造文書であっても、警察が捜査のために収集・保管している場合には毀棄罪の客体になります。

すべての偽造が「偽造」ではない

文書偽造罪の実行行為には、偽造、変造、虚偽文書作成、行使など多様な行為形態があります。すべての偽造が「偽造」ではありませんし、「偽造」でない行為が犯罪でないとはかぎりません。刑法上の偽造概念は、なかなか奥が深いのです。多くの市民が不快になるくらい牽強付会の法解釈に深入りする必要があります。①名義人と作成者（有形偽造）、②偽造の程度、③変造、④虚偽文書作成（無形偽造）、⑤行使と行使の目的について確認していきましょう。さらに、⑥公用文書等毀棄罪の毀棄にも触れておきましょう。

① 名義人と作成者——刑法上の実行行為である「偽造」とは、作成権限がないのに他人名義の文書を作成することです。これを有形偽造といいます。変造や虚偽文書作成（無形偽造）とは異なります。偽造は作成名義を偽ることであって、文書の内容が真実であるか否かを問いません。偽造文書とは、名義人と作成者の人格の同一性を偽ることといえます。

② 偽造の程度——誰が見ても真正の文書とはいえない程度の外観を有するものを作成しても偽造とはいえません。偽造罪が成立するためには、一般人が見て真正な文書であると誤信させうる程度の外観を有することが必要です。一般人が真正文書であると誤信する可能性がある場合には公共の信用に対する危険が生じるからです。文書の客観的形状、種類、性質、社会的機能を見て判断することになります。

③ 変造——変造とは、真正に成立した文書の非本質的部分に不法に変更を加え、新たな証明力を作り出すことです。作成権限を有しない者が、真正に成立した他人名義の文書の非本質的部分に変更を加え、新たな証

明力をつくり出すことを「有形変造」といいます。他方、作成権限を有する者が、既存の自己名義の文書の非本質的部分に変更を加え、新たな証明力をつくり出すことを「無形偽造」といいます。変造が罪となるのは公文書だけであって、私文書の変造は処罰対象ではありません（ただし別に文書毀棄罪があります）。偽造と変造の区別もなかなか奥が深いのです。変造か偽造かは、既存の文書の同一性の有無に左右されます。非本質的部分の変更が変造であり、本質的部分の変更が偽造となります。

④　虚偽文書作成（無形偽造）──無形偽造とは、文書の作成権限を有する者が、真実に反する内容の文書を作成することです。作成権限者が自ら虚偽文書を作成する「直接無形偽造」と、作成権限者を利用して虚偽文書を作成させる「間接無形偽造」があります。刑法156条は直接無形偽造を犯罪とし、刑法157条は公正証書原本等の一定の場合に間接無形偽造を犯罪としています。

⑤　行使と行使の目的──行使とは、不真正文書を真正文書として、または内容虚偽の文書を内容真実の文書として使用することをいいます。文書を相手に閲覧させて、その内容を認識できる状態にすれば足ります。行使の相手方は、それが不真正文書・虚偽文書であることを知らない者でなければなりません。文書偽造罪・虚偽文書作成罪は「行使の目的」をもって行われることが必要です。行使の目的は主観的違法要素であり、客観的な行為に違法の意味を付与します。

⑥　毀棄──公用文書等毀棄罪における毀棄は、物理的損壊のみではなく隠匿も含むと解釈されています。刑法40章の「毀棄及び隠匿の罪」全体における毀棄の概念として、たとえば競売事件の記録を持ち出して隠匿し、それを利用できなくする行為や、看板を取り外して離れた場所に投げ捨てる行為も毀棄に当たるとされてきました。記載事項を部分的に抹消する行為、公正証書に貼付された印紙を剥がす行為も毀棄に当たります。電磁的記録については、物理的に破壊したり、記録の全部または一部を消去したり、判定できなくさせる行為が当たります。

軽く偽造、重く刑罰

主要な文書偽造罪の刑罰（法定刑）を見ておきましょう。

詔書偽造罪（154条）は、無期懲役または3年以上の懲役です。非常に重い刑罰が用意されているのは、大日本帝国の絶対天皇制の時代に制定された刑法に由来するからです。

　公文書偽造罪（155条）のうち有印公文書偽造罪は1年以上10年以下の懲役、無印公文書偽造・変造罪は3年以下の懲役または20万円以下の罰金です。

　虚偽公文書作成罪（156条）のうち有印公文書等無形偽造等罪は1年以上10年以下の懲役、無印公文書等偽造等罪は3年以下の懲役または20万円以下の罰金です。

　公正証書原本不実記載等罪（157条）は5年以下の懲役または50万円以下の罰金です。

　その他、偽造公文書行使罪（158条）、私文書偽造罪（159条）、虚偽診断書作成罪（160条）、偽造私文書行使罪（161条）、電磁的記録不正作出・供用罪（161条の2）についても、文書偽造罪と同等の刑罰が用意されています。公用文書等毀棄罪（258条）は3月以上7年以下の懲役です。

　文書偽造の刑罰は軽くはありません。公文書偽造の場合、かつては天皇制の下での官吏の忠誠が問われた面がありますが、現在では公共の信用の保護という観点から、それなりに重い刑罰が予定されているのです。

さんざん改竄、無残な日本

　文書偽造罪の刑罰は重いのですが、先述のように文書偽造罪にはバラエティがあるうえ、学説や判例によって解釈の幅がかなり広いため、近現代日本の官僚は「改竄の自由」を存分に行使してきたといって過言ではありません。情報公開制度が確立していなかったため、官僚は文書を私物化して、偽造、変造、毀棄、隠匿を恣にしてきました。文書管理システムが整備されていないため、公文書偽造罪の捜査や立証には大きな制約がありました。そもそも捜査を担ってきた警察や検察による取調べ調書や証拠の変造は常識と化していましたから、一般の公務員による偽造の責任追及もおざなりになっていたのです。

　官僚が「改竄の自由」を行使し続けることができているのは、いくつもの要因があります。

たとえば第1に、情報公開制度ができて以後も、公開請求がなされたのに対して、文書の存在を否定する回答を出す方法があります。当該文書が存在しないことにすれば、公開する必要がありません。

　第2に、墨塗りが多用されてきました。個人情報に関わる等の理由をつけて、公開文書のうち一定部分を墨塗りでつぶしてしまいます。一面真っ黒の公開文書も珍しくありません。

　第3に、公開すべき公文書と公開の必要のない文書の間の線引きを曖昧にして、公開を避けることもあります。公文書作成過程のメモ類がとくに問題となります。流出文書について、それが正規の公文書であるのか否か、回答をしないという方法もあります。

　第4に、パソコン内部に保存された記録の文書性も、公文書作成過程のメモであるとか、共用文書は必ずしも正規の公文書ではないとか、さまざまな理由を付して言い逃れがなされてきました。

（前田　朗）

2-5　戦前の公文書管理はどうなっていたのでしょうか？

官僚制と文書主義

　あらゆる決定と指令を文書化すること、文書がなければ権力は行使されないこと、文書を一定の形式で管理すること。これらをまとめて文書主義と呼びます。官僚は文書主義に則り、行政を合理的に遂行することが求められます。

　ちなみに官僚制を意味するヨーロッパ語（bureaucracy〔英〕、bureaucratie〔仏〕）は、bureauとcracyの合成語ですが、bureauは「文書机」、cracyは「権力」を意味します。こういうところにも、官僚と文書主義との関係の密接さが表れています。

　明治の初め、日本政府は欧米諸国に使節団（岩倉使節団）を派遣しました。随員の久米邦武（後年、歴史家として活躍）は、『特命全権大使米欧回覧実記』を残しましたが、その中で、ヴェネチア公文書館の汗牛充棟ぶりを描きました。

　またドイツの法制度を移入するうえで活躍したロエスレル（明治憲法の草案作成に影響を与えたことで有名）は、公文書管理のしくみを明治政府に伝えています。

　とはいっても、公文書管理という行為は、明治政府の人びとにとって見慣れないものではありませんでした。

　江戸幕府にも官僚は存在しました。そのポストは武士が独占した点で、すべての人に開かれた現代の官僚とは違います。ですが文書主義が職務上の原則だったことは同じです。江戸城・紅葉山には、将軍の書籍が蓄えられました。町奉行は行政文書や裁判記録を保管していました。

明治憲法と官僚制・文書主義

　明治政府は、短期間に急速な近代化・軍事化を進めました。大日本帝国

憲法という憲法典は作られましたが（1889年公布）、近代憲法に必須である人権保障や権力分立はおざなりにされました。こういう国家を、外見的立憲主義の国家といいます。

このことは、官僚制にひとつの独特な刻印を打ちました。天皇を頂点とした国家の中で、天皇のために、議会の力が及ばないところで権力を行使する、外見的立憲主義の官僚です。すなわち、天皇は統治権を総攬します（憲法4条。以下「憲法」は略）。また、官吏制度を定め（官制大権）、官吏を任免します（任免大権）（10条）。官吏に関する権限は天皇大権で、議会は関与できません。

官吏は天皇のために働きます。官吏服務規律（現在の国家公務員法に相当）1条で、官吏は、天皇および天皇の政府に忠実であることを第一とし、法律命令に従い、職務を尽くさなければならないと定められました。「忠節を盡すを本分とす」る（軍人勅諭）軍人の場合も同様です。

大臣は内閣＝合議体としてではなく、個別に天皇を輔弼します（55条）。また各省大臣として、官吏を監督します（各省官制通則7条）。

他方、臣民（国民）は国家権力の客体（統治される側）で、主体（統治する側）ではありません。また臣民には「言論の自由」などの自由・権利がありますが、それは天皇から恩恵的・限定的に与えられたものです。

以上をまとめると以下の図のようになります。

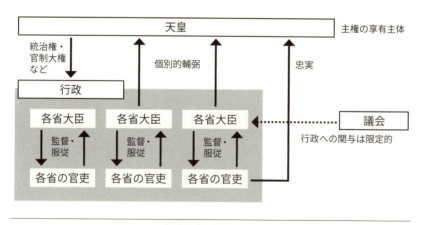

外見的立憲主義の官僚制の特徴は、文書管理制度の基本的性質を決めます。

　第1に"天皇と官僚との関係"においてです。行政は、天皇制国家にとって合理的でなければなりません。したがって文書管理制度も、天皇に対する忠誠、天皇制国家にとっての合理性を基準に整えられます。

　第2に"行政と議会との関係"においてです。文書管理は議会が作る法律ではなく、天皇の発する勅令や各省の内部規程によって具体化されます。また、行政文書に対する議会のアクセスは制限されます。議院法は「各議院ヨリ審査ノ為ニ政府ニ向テ必要ナル報告又ハ文書ヲ求ムルトキハ政府ハ秘密ニ渉ルモノヲ除ク外其ノ求ニ応スヘシ」（74条）と、議会の文書提出請求権を限定しました。実際「秘密に渉る」として、衆議院の文書提出の要求に政府が応じなかった例もあります。

　第3に"国家と国民（臣民）との関係"においてです。主権も知る権利も情報開示請求権もない臣民に、文書を見せる必要はあるでしょうか。むしろ軍事や外交の情報を隠すことこそ、強力な権威主義・軍事主義国家にとっての理想です。国は刑法（秘密漏示罪）のほか、改正陸海軍刑法（1889年）、軍機保護法（1937年）、国防保安法（1941年）など、人びとをスパイ扱いする法律を作りました。

　以上をまとめると以下の図のようになります。

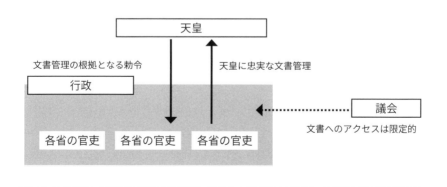

文書管理の特徴

戦前の文書管理の特徴を、もう少し詳しく見ておきましょう。

① 文書管理のあり方は、法律ではなく、勅令や行政の内部規程で決められました。さらに行政全体にわたる規程は貧弱で、実際は各省等で作る独自の規則が重要でした。文書管理は行政内部、各省内部で完結していたといえるでしょう。これは、議会が官僚制に関わることを排したこと（明治憲法10条）、天皇に対する責任を、内閣＝組織体としての連帯責任制ではなく、個々の国務大臣が天皇を輔弼する個別責任制としたこと（同55条）と関係があります。

② のちの行政活動の根拠となる「すでに決定されたもの」は、文書として管理されました。外部からの事後的検証をするうえで重要な「決定過程を示すもの」は、管理対象から外れました。

③ 各省は文書を類型化し、それに応じて保存期間を決めました。内務省・文書保存規程（1937年）、厚生省・文書保存規程（1938年）、大蔵省・文書取扱規程（1933年）などを見比べると、分類基準と保存期間に統一性はなく、機関ごとにまちまちだったことがわかります。

④ 文書は各省の書庫に個別に保管されました。諸機関を横断して文書を探すための検索目録や、まとめて保管する公文書館は設けられませんでした。

⑤ 保存期間を過ぎた公文書は、永年保存とされた一部のものを除いて、当該機関の内部判断で廃棄されました。議会も内閣も、そこには関与できませんでした。

⑥ 文書主義に反する行為には、刑法に基づく刑罰（公用文書偽造罪・破棄罪など）、文官任用規定に基づく懲戒（秘密の漏洩など）などの制裁が科されました。その大枠は戦後に引き継がれます（この点については2-4, 2-7参照）。

公文書焼却と文書管理体制の崩壊

アジア太平洋戦争（1931~1945年）の末期、文書管理体制に起きたことを3つ挙げます。

第1に戦災です。外務省・司法省などの建物が空襲を受け、公文書が焼失しました。

第2に紙の不足です。決戦非常措置要綱（1944年2月25日）は、保有物資の積極的な活用供出を図るため、官公署が有する物資の保存年限を極度に短縮するよう求めました。同月29日には、①保存文書に徹底的に再検討を加え、真に必要なもの以外はすべて廃棄すること、②文書保存に関する規定は必要に応じ速やかに改正すること、③廃棄文書は印刷局に回付して再生紙の原料とすることが決められました。資源問題が文書管理体制が崩壊する一因だったことがわかります。

　第3に責任の隠蔽です。ポツダム宣言（1945年7月26日）10条は「捕虜虐待を含む一切の戦争犯罪人は処罰されるべきである」としました。日本側はこの責任追及を恐れ、以下のように、文書を隠匿したり、ガソリンをかけて燃やしたりしたのです。

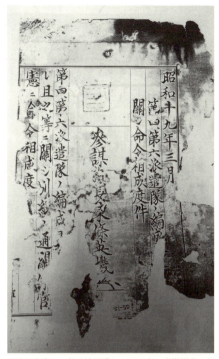

旧陸軍文書の一部は焼け残り、1998年、自衛隊市ヶ谷駐屯地から発掘された。写真はその中の「御裁可書」。参謀総長・東條英機から昭和天皇に上奏され、天皇が裁可したことを示す「可」の印が中央上部に押されている（防衛研究所所蔵「市ヶ谷台史料」／撮影：永山）。

① 宮内省「機密書類ノ焼却ノ件」（8月18日）は機密書類の焼却を命令しました。
② 外務省「文書処理方針」（8月7日）は記録文書の焼却を決めました。これにより約8,000部の書類が焼却されたといわれます。
③ 内務省で焼却を行ったことは、故・奥野誠亮（内務省事務官。のちの法務大臣）をはじめ関係者が証言しています。
④ 陸軍省は、機密文書を徹底して焼却しました。また、焼却命令は内外の部隊に伝えられ、履行されました。海軍の命令は残っていないようですが、陸軍と同じだったと推測されます。

　敗戦前後の数日間、証拠隠滅の煙があちこちで立ちのぼったそうです。

小説家の高見順は「黒い灰が空に舞っている。紙を焼いているにちがいない」と8月16日の日記で書きました(『敗戦日記』)。同年秋、アメリカから来たワシントン文書センターの職員たちは、公文書の接収を開始します。GHQも日本政府に、公文書の提出を要求しました(1946年1月)。

しかし焼却された文書を復元することは不可能でした。

1945年、私たちが失ったもの

1945年夏のナショナル・アーカイヴ(国民的記録)の喪失。これは平和主義や基本的人権の尊重といった日本国憲法の理念を実現するうえでの障害となりました。

1つはアジア太平洋戦争中の日本軍の行為、たとえば南京事件(1937年)についての史料の喪失です。軍と政府は現地の状況を把握していたのか。現地に何を命じたか。何人の中国人を殺したのか。死者は30万ともいわれますが、正確な数字はわかりません。

日本政府は、日本軍による「非戦闘員の殺害や略奪行為等があったことは否定できないと考えています。しかしながら、被害者の具体的な人数については諸説あり、政府としてどれが正しい数かを認定することは困難であると考えています」という見解を示しています(外務省「先の大戦に対して、日本政府はどのような歴史認識を持っていますか」<https://www.mofa.go.jp/mofaj/area/taisen/qa/>)。

東京裁判の判決には次の一節があります。

「裁判所にとっては、日本の陸海軍、外務省、内閣、その他政府の政策樹立機関の重要な公式記録の原本の多くが存在しないという不利があった。(中略)公式記録の存在しないのは、日本に対する空襲中に焼失したことと、降伏後に陸海軍が故意にその記録を破棄したこととによるとされた。(中略)これらの書類がないことは、われわれが事実を探求するにあたって不利となったけれども、他の出所から、関連性のある情報を多量に入手することができた」(毎日新聞社『東京裁判判決・極東国際軍事裁判所判決文』)。

2つは、治安維持法による言論弾圧として悪名高い横浜事件(1943～1945年)の訴訟記録の喪失です。同法違反で有罪とされた元被告らは、のちに再審を請求しました。横浜地裁は「裁判記録が故意に破棄されたと推測され

る」、「裁判所が不都合な事実を隠そうとした可能性が高い」と述べ、免訴判決を下しました（第4次再審請求・横浜地裁 2009〔平成 21〕年3月30日判決＝確定）。

　ただ記録が焼却されたせいで再審請求が遅れ、名誉回復が困難になったとして国に損害賠償を請求した訴訟では、国家賠償法施行以前の行為だったことを理由に、一審・二審とも、請求を棄却しました（東京地裁 2016〔平成 28〕年6月30日判決、東京高裁 2018〔平成 30〕年 10 月 24 日判決）。

　冒頭で触れた江戸城・紅葉山の書籍は、今、国立公文書館に保管されています。しかし江戸幕府の崩壊とともに散逸した文書も多かったようです。幕府官僚は、客観的にも主観的にも将軍家の働き手でした。そこには「文書は国民の貴重な財産だ」という認識もなければ、それを実現するしくみもなかったのです。これが 1945 年につながっているように思います。

　江戸時代から引きずってきた文書管理の精神は、日本国憲法の制定とともに終焉を迎えました――いや、迎えるべきだったのです。もしそれが実現していれば、この本は書かれなかったかもしれません。

（永山茂樹）

2-6　立法機関の公文書管理はどうなっているのでしょうか？

立法機関における公文書管理の意義

　立法機関（議会）における公文書問題の中心は、議会の会議の記録（会議録）をどう管理するかという点です。もっとも基本的な原則は会議録の公表です。この原則は、18世紀末、革命のさなかにあったフランスにおいて確立したものといわれ、当時から議会における会議の公開と一体のものと理解されてきました（法学協会『註解日本国憲法（下）』〔有斐閣、1954年〕873頁）。会議の公開は、会議の自由な傍聴やその議論の自由な報道だけでなく、会議の後でもその会議の内容をいつでも見聞し検証できるということを意味します。そのため、会議の公開と会議録の公表はあわせて規定されるのです。

　会議の公開と会議録の公表は、国民の代表者からなる民主的な議会に不可欠です。民主的な議会は国民の代表機関として、国民の民意を正しく反映しなければならないし、国民は、議会での議論や決定が民意に適ったものであるかを監視できなければなりません。また、個々の議員がどのような議論を行い、どのような表決をしたかは、国民が次の選挙で誰に投票するかを決める重要な判断材料になります。その意味で、会議の公開と会議録の公表は、国民の知る権利を制度的に裏づけるものです。

　また、会議の公開と会議録の公表は、国民が民意を形成し、国民自らが議会をコントロールするための基礎です。現代の議会政では、国民の間の多様な民意を議会の場に吸い上げ、政策に反映させる中心的な役割を担うのが政党です。政党は党議拘束などによって、所属する議員の活動をコントロールする強い力をもっています。そのため、議会で多数の議席を占める与党が数の力で押し切った決定が、現実の民意とズレてしまう場合もあります。そこで、議会の少数派である野党が、公開の会議で与党に対峙し厳しく批判することが重要です。国民は国会での論戦をつぶさに知ることにより、与野党双方の議論をふまえつつ新たな世論を形成し、幅広い国民

的な運動をつくり上げることで議会に直接影響を与えることもできます。

　さらに、議会における公文書の管理は、現代の憲法の特徴である違憲審査制の運用にとっても重要な意義を有します。議会によって制定された法律の憲法適合性が裁判で争われる場合、法律を制定する必要性を根拠づける立法事実の有無が問題となることがあります。立法事実に関しては立法府の判断が尊重されるのが建て前です。しかし、裁判において尊重に値するだけの議論が国会で尽くされていなければなりませんし、立法事実を裏づけるデータ・資料・文書などが保存されていなければなりません。

日本国憲法における会議録の保存・公開の原則

　憲法は以上のような会議の公開と会議録の公表の意義をふまえ、「両議院の会議は、公開とする」（57条1項）と定め、会議録の公表についても、「両議院は、各々その会議の記録を保存し、……これを公表し、且つ一般に頒布しなければならない」（57条2項）と規定しています。このように議院が会議の記録を保存・公表・頒布することは憲法上の義務です。会議の記録の公表・頒布は、非公開の秘密会であっても、「特に秘密を要するものと認められたもの以外は」公開・頒布しなければならないとされています。

　ここでいう「会議」とは両議院の本会議を指し、「会議の記録」は、本会議の内容をすべて記録した文書と解されています。この記録は「会議録」（同条3項）と呼ばれます。しかし、法案などの審議が実質的には委員会レベルで行われ、本会議の審議が形骸化している現状では、「会議」には委員会も含めるべきだとする立場が有力になりつつあります（渋谷秀樹『憲法〔第3版〕』〔有斐閣、2017年〕562頁）。

　会議録に記載される事項については、両院の議院規則によって定められています。衆議院規則は記載すべき事項を詳細に定め、「委員会の報告書及び少数意見書」や「質問主意書及び答弁書」などの文書も含まれます（衆院議院規則200条）。また、各議員の国会での表決も、出席議員の5分の1以上の要求があれば、会議録に記載されることになっています（憲法57条3項）。

　会議録は官報に掲載され（衆院議院規則206条）、掲載された官報は、議員とともに一般にも頒布されることになっています（衆院議院規則207条、参院議員規則160条）。なお現在、国会のペーパーレス化の観点から、紙による配

布の廃止が検討されているようです。国会の本会議と委員会の会議録（議事速記録）はデータベース化され、国会会議録検索システム（<http://kokkai.ndl.go.jp/>）を通じて、第1回国会以降、委員会会議録を含めて容易に検索・閲覧することができます。また、国会における過去の審議のようすもインターネット上で視聴することができます（衆院<http://www.shugiintv.go.jp/>、参院<http://www.webtv.sangiin.go.jp/webtv/index.php>）。

国会における文書管理
(1) 会議録の速報性と立法情報の管理の問題

　現在、本会議だけなく委員会の会議録も、上記の国会会議録検索システムを通じて閲覧できるようになり、国民の知る権利を確保する観点から格段に進歩しました。ただ、会議録がインターネットで閲覧できるようになるまで2週間程度かかるといわれています。そのため国民は、国会で審議されている重要法案に関心をもったとしても、その審議の経過をリアルに知ることはできません。そのときどきの国民の政治的関心に応えるために、会議録の公開には速報性が求められます。

　与党と野党が厳しく対立する重要法案の成立は、国会の会期末までずれ込むのが通例です。近時では、特定秘密保護法（2013年）は会期末2日前、安保関連法（2015年）の成立は会期末の8日前、テロ等準備罪の新設（2017年）は会期末の3日前、「外国人材」受け入れのための入管法改正（2018年）は会期末の2日前です。終盤の審議の会議録は、会期後に公開されることになってしまいます。国民が国会での審議内容を正確に知って世論を形成し、法案の成否に影響を与えることは困難です。会期後では国民の関心も薄くなっているでしょう。英米のように、会議録とは別に速報性のある議事録の公開が求められます。

　日本では、法案の審議における国会の論議を正確かつ客観的に記録した文書は、会議録以外にありません。したがって、会議録に"穴"があってはならないはずです。国会議員は法案の審議の過程において政府に対して必要な資料を請求できる立場にあり、その資料に基づいて委員会などで質疑を行っています。しかし、会議録には質疑に使われた実際の資料が添付されていません。そのため、会議録に「法務省に提出いただいた一つ前の

資料を御覧いただきたい」と書かれていても、国民は資料に記載されている詳細なデータを確認することができません。

　国会の会議録が要約によるものではなく、速記により逐語的に起こされているのは、その審議の内容をつぶさに国民に公開するという趣旨です。その趣旨をふまえれば、審議に使われた資料もできるだけ添付すべきです。また、資料が一般に公開されることにより、立法の必要性を裏づけるデータが外部の専門家によってチェックされ、より正確で信頼できるデータに基づいた立法が可能になるという効果も期待できます。

　委員会が会議録とは別に、法案の審議の論点や審議の内容をわかりやすくまとめた報告書を毎年度作成し、その報告書に関連する政府提出資料を付することも考えられるべきでしょう（大山礼子『国会学入門〔第2版〕』〔三省堂、2003年〕249〜250頁）。

(2) 会議録の訂正・削除の問題

　議院規則によれば、会議の後で会議録の訂正が認められています。衆議院規則では、「演説した議員は、会議録配付の日の翌日の午後5時までに、その字句の訂正を求めることができる。但し、演説の趣旨を変更することはできない」（203条）と規定されています。また、「会議中議員がこの法律又は議事規則に違いその他議場の秩序をみだし又は議院の品位を傷けるときは」、議長は発言を取り消させることができ（国会法116条）、この発言は会議録には掲載されません（衆議院規則206条）。参議院も同様です（参議院議員規則158条、161条）。

　会議録からの削除の方法は一般に2種類あります。

　1つの方法は、発言の訂正箇所を完全に別な語句に置き換える方法です。最近では安倍晋三首相の発言がこの方法で訂正されました。「議会については、私は行政府の長（修正前「立法府、立法府の長」）であります。国会は国権の最高機関としてその誇りを持って、いわば行政府（修正前「立法府」）とは別の権威として、どのように審議をしていくかということについては、各党各派において議論をしているわけでございます」（2016年5月16日衆院予算委）。この方法は、元の発言の内容がわからないだけでなく、訂正があったかどうかも会議録からは明らかでなく問題です。

　もう1つの方法は、発言の訂正箇所に太棒を引いて削除する方法です。

> その上で、私は、きょう、加計学園、あるいは森友学園、いろいろな学校法人について議論がありますが、大変奇異に感じるのは、いや、私も、安倍総理はわきが甘かったと思います。
>
> 私は、それは安倍総理には重々反省をしていただきたい、こう思っているわけですが、安倍総理あるいは政権与党に対して追及をしている人たちが、献金をもらっているんですよ、獣医師会から。
>
> 献金をもらっているんですよ。献金をもらって、仮にあるいはそういうことで国会質問をしていれば、普通に考えれば、お金をもらってあっせんをすれば、あっせん利得罪、あるいはあっせん収賄罪、受託収賄、さまざまな疑惑が取り沙汰をされています。すなわち、余り深いことはやめますが、何らかの権限がある、言いませんよ、私は思っています
>
> けれども、個人的には。
>
> 周りを取り囲んで非難しているというのが私が今の国会だと思いますよ。
>
> よく、TPPの関係でいろいろな議論があったときに、民進党の皆さんは、あっせん利得罪のどど真ん中に黒いということをおっしゃいました。その方は、元大臣は、今、既に不起訴ということで白であることが司法判断としてはっきりしたわけですね。
>
> ところが、これは全くスクリーニングを経ていない

2017 年 11 月 15 日衆議院文教科学委員会での足立康史議員の発言

太棒は字句の訂正にとどまらず、かなりの部分を削除する場合に用いられるとされます。そのため、演説の趣旨が変わってしまうだけでなく、発言の意味すら読み取れなくなるおそれがあります（上記抜粋参照）。

　会議録の訂正は、誰の発言であったかによって問題の性質が違います。第 1 は、首相や大臣の発言に関する会議録の訂正です。国会の審議は、権力分立の観点から政府の政策をチェックする場であり、内閣を構成する首相・大臣の政治的な責任は、審議において厳しく追及されなければなりません。その責任追及を国民の目から隠すような会議録の訂正は許されません。近時、「云々（修正前「でんでん」）」（2016 年 1 月 24 日参院本会議）、「一般会計のプライマリーバランスが改善（修正前「改ざん」）させる」（2018 年 1 月 24 日衆議院本会議）、「地元の懸念を軽減（修正前「軽視」）する」（2018 年 1 月 26 日参院本会議）などの安倍首相の発言が訂正されました。これも議院規則で認められた「字句の訂正」に見えますが、首相の誤った認識や政治家としての資質に関わる言い間違いともとれます。首相や大臣の発言の修正には慎重であるべきでしょう。

　第 2 は、議員の発言に関する会議録の訂正です。最近話題になったのが、「お話を聞いていると、週休 7 日が人間にとって幸せなのかと聞こえる」という渡邊美樹参院議員の発言です（2018 年 3 月 13 日参院予算委公聴会）。このような発言は議員として資質や見識に関わるものであり、国民にとって次

回の選挙における重要な判断材料です。たしかに、過労死で家族を亡くした遺族の方にとって極めて侮蔑的な発言ですが、その事実を会議録に残しておくことは、国民の知る権利にとっては重要です。また、議員に責任ある発言を促すためにも必要でしょう。

　さらに重大な問題は、議長が政府の責任を追及する少数派の議員の発言を「議場の秩序をみだし又は議院の品位を傷ける」という理由から会議録から削除することです。国会は「"公開討論の場"の中心」（佐藤幸治『日本国憲法論』〔成文堂、2011年〕451頁）であり、言論の自由の保障が憲法上もっとも強く要請されます。だからこそ、議員には免責特権が保障されているのです（憲法51条）。

　近時、原発再稼働をめぐる「皆さん、安倍総理を信じてこのバスに乗り込みましょう。次の停車駅は地獄の一丁目一番地です」（2017年1月25日参院本会議）という山本太郎議員の発言の取り扱いが問題となりました。実際には削除されませんでしたが、このような発言を「議院の品位を傷つける」といった理由で会議録から削除することは、議員に対する萎縮効果をもたらす危険があり許されません。「議院の品位」という言葉自体が曖昧であるため、少数派の発言を封ずるために濫用されるおそれがあります。

（岩本一郎）

2-7　行政機関の公文書管理はどうなっているのでしょうか?

公文書管理法の「定め」と実際の「運用」

　「国民主権の理念に則り、公文書等の管理に関する基本的事項を定める」法律が「公文書管理法」です（詳細は2-2）。「公文書管理法」では、「行政文書」について行政機関の職員に作成義務が課されています（4条）。そして作成された「公文書等」は「健全な民主主義の根幹を支える国民共有の知的資源」（1条）とされ、廃棄には内閣総理大臣の同意が必要とされています（8条2項）。

　公文書管理法という法律がある以上、「行政機関の公文書管理はどうなっているのでしょうか?」という問いに関しては、本来、「『公文書管理法』に基づいた管理がなされている」という回答になる（べき）と思われます。

　ところが実際には、行政機関の公文書はどのように管理されているのでしょうか?

　まず、公文書管理法の「特別法」が存在・運用されているため、「健全な民主主義の根幹を支える国民共有の知的資源」である公文書が主権者の目に触れる機会がないままに廃棄される場合があります。「公文書管理法」は一般法であり、特別法が存在する場合、「特別法」に基づく対応がなされます（3条）。たとえば「特定秘密保護法」は公文書管理法の特別法となり、「適用除外」となります。そのために保存期間が満了すると廃棄される可能性があります。実際、2018年3月28日、衆議院の情報監視審査会は2016年中に政府が「保存期間1年未満」の特定秘密文書444,877件を廃棄したとする調査報告書を発表しました（2018年3月28日付毎日新聞）（特定秘密保護法に関しては、2-9、3-5にも詳述）。

　次に、行政解釈による「公文書管理法」を空洞化する運用がなされています。さらには行政機関の「運用」により「公文書管理法」の空洞化がなされています。

　公文書管理法と特定秘密保護法については別の項目で論じられますので、

ここでは「行政解釈」による「公文書管理法」の空洞化と、「運用」による「公文書管理法」の空洞化について紹介します。

「行政解釈」による「公文書管理法」の空洞化
(1) 保存期間「1年未満」の「行政解釈」
　公文書管理法では「公文書」を廃棄する際、内閣総理大臣の同意が必要とされています。

　しかし、実際にはこうした規定を「空洞化」する「行政解釈」に基づいた運用がなされています。

　2011年4月1日付の内閣総理大臣決定（正式名称は「公文書等の管理に関する法律（平成21年法律第66号）第8条第2項の同意の運用について」）では、1年未満保存文書については内閣総理大臣の同意なしに各行政機関の判断で廃棄できるとされています。1年未満の保存期間の行政文書ファイル等としては「当該行政機関において別途1年以上の保存期間で正本・原本が管理されている行政文書の写し」が例として挙げられています。この「1年未満」の文書が行政担当者によって「拡大解釈」されています。そして役所の意思決定に関わる文書なのに、行政機関が保存期間を「1年未満」に設定して意図的に廃棄する事態が生じています。森友学園への国有財産売却経緯ですが、公文書管理法4条4号に基づく「個人又は法人の権利義務の得喪及びその経緯」に該当するものであり、4条にいう「処理に係る事案が軽微」でもないので、法律上は当然、行政機関の判断だけで廃棄できる文書ではありません。しかし保存期間が1年未満とされて「廃棄」されました。陸上自衛隊の南スーダンPKO派遣部隊の日報も保存期間が1年未満とされて「廃棄」されました。

(2) 「行政文書」と「個人メモ」
　公文書管理法では、対象とされる公文書は「職員が組織的に用いるもの」とされています（2条4項）。「組織的」とされているため、政策決定過程を検証するために重要な文書であるにもかかわらず、「個人メモ」とされて「公文書」として扱われない事例が生じています。たとえば2016年7月、南スーダンの首都ジュバで大統領派と元副大統領派の大規模な武力衝突が起きました。この紛争をふまえて自衛隊がどのように対応したのかを知りたいと

考えた、ジャーナリストの布施祐仁氏は「7月6日から15日の期間に中央即応集団（CRF）司令部と南スーダン派遣部隊との間でやりとりした文書すべて」という情報公開請求をしました。ところがCRF副司令官は「開示請求の増加に対する懸念」などから、「日報」を「個人資料」として、請求対象とはならないとの対応をしました。

「運用」による「公文書管理法」の空洞化
(1) わかりにくい「ファイル名」

　公文書管理法のガイドラインでは、ファイルには市民にわかりやすい名称をつけるように定めています。ところが、「情報公開請求」から逃れるため、防衛省ではわざとわかりにくい名称をつけていたと防衛省の職員が証言しています（2018年5月13日付毎日新聞。なお、以下の記述はこの記事に依拠しています）。防衛省のファイルの名称で同省自身が「抽象的」だと判定したものは、2016年度分で約4万件もあったとのことです。防衛省が「存在しない」と説明したイラク派遣部隊の日報が後日見つかった問題でも、抽象的な名称をつけたことがファイルの発見を遅らせた一因であると指摘されています。

　「防衛省」がわかりづらいファイル名をつけた一例を紹介します（2018年5月13日付毎日新聞をもとに筆者が作成）。

組織	作成・取得者	作成・取得年または年度	行政文書ファイル管理簿のファイル名（公表）	内閣府に提出された説明内容（行政文書ファイル管理簿には記載されず）
陸上自衛隊	東北方面隊第6師団司令部第3部長	2015	平成27年度演習場（1年）	米海兵隊移転射撃訓練への協力
陸上自衛隊	東北方面隊第6師団司令部第6施設大隊第3中隊長	2015	平成27年度幹部補職（1年）	南スーダン国際協力隊の派遣期間の変更について（通知）
陸上自衛隊	東北方面隊第6師団司令部第20普通科連隊本部第1科長	2015	平成27年度総務（人事1年）	隊員の死亡について（通知）
陸上自衛隊	開発実験団本部総務科長	2015	平成27年度幹部補任（人事1年）	空輸隊勤務およびオスプレイ導入に伴う留学に係る希望調査について（通知）特技認定について（通知）

陸上自衛隊	通信団本部付隊長	2015	平成27年度服務規律維持	セクシュアル・ハラスメントに関する苦情相談等の状況について
海上自衛隊	自衛艦隊航空集団第31航空群第81航空隊司令	2014	情報一般（海幕運第61-42号）	陸上自衛隊と海上自衛隊との治安出動に関する協定
航空自衛隊	航空支援集団航空保安管制群小松管制隊長	2012	来簡注意文書18年	イラク復興支援活動における不足事態発生時の家族に対する通知要領等の一部変更について

(2) 「戦闘」という用語を使うべきではない

2017年2月9日、河野克俊統合幕僚長は、「戦闘」という表現が議論を招くことをふまえて日報を作成するように、派遣部隊に口頭で指示したことを明らかにしました。本来、「公文書」の役割は、主権者に物事の事象を正確に伝え、主権者の判断の材料を提供することにあります。しかし、河野統合幕僚長は、自衛隊派兵の是非が政治問題とされて国民的議論になるのを避けるため、「戦闘」という表現を用いるべきではないと発言しています。

(3) 「個別発言は記録不要」

森友学園などをめぐる決裁文書の改竄問題などを受け、政府は2017年12月に行政文書の管理に関する新たなガイドラインを作成しました。政策立案や事務・事業の方針に影響を与える打ち合わせ記録を文書に残し、情報公開の対象にすることを求めました。経済産業省はこれにあわせて省内の行政文書の管理規則を2018年3月末に作成しました。そして省内に内容を説明するために内部文書を作成し、3月27日の筆頭課長補佐級の定例会議で配布しました。ところがその文書には「いつ、誰と、何の打ち合わせかがわかればよく、議事録のように個別の発言まで記録する必要はない」と記載されていたとのことです（2018年8月31日付毎日新聞・日本経済新聞）。

何が「課題」か

明治憲法下では天皇のための「官吏」であり、その作成する文書に「国民のため」という視点は希薄でした（この点については2-5参照）。ところが日本国憲法ではこうした観念は転換されました。「国の最高法規」（憲法98条）である「憲法」では「国民主権」が基本原理とされ、公務員は「一部の奉仕者」

ではなく「全体の奉仕者」(15条)とされました(この点については1-2参照)。「全体の奉仕者」として行政機関の長などには、主権者の判断に資する「公文書」を作成することが「公文書管理法」などで求められています。ところが「全体の奉仕者」としての自覚がなく、「公文書」が「健全な民主主義の根幹を支える国民共有の知的資源」との考え方が定着していないからこそ、行政機関の長などは行政文書を適切に作成・整理・管理をせず、あろうことか、「廃棄」や「改竄」などをするのです。

　もっとも、私は3年間、特別公務員だった時期がありますが、公務員の感覚からすれば、たとえば「森友問題」での佐川宣寿氏による「廃棄」や「改竄」に関する言動には納得できないと思われます。私はさまざまな地方公務員の人たちとこの件で話をしましたが、異口同音に「土地売却の記録文書を廃棄するはずがない」と発言していました。私も土地売却の事例に関わったことがありますが、そうした体験からしても、自分が適切に業務をしたことを証明するため、土地売却の記録文書を廃棄するはずがありません。そして独断で土地売却文書などの「改竄」や「廃棄」などをすれば、自分の責任を追及されるのが目に見えています。独断でこのような廃棄や改竄をすれば、「懲戒処分」などの厳しい処分を課されることが想定されますが、佐川氏を安倍首相や麻生大臣は基本的にかばい続けました。公務員が独断で文書「改竄」「廃棄」行為に及ぶことは通常想定できないこと、にもかかわらず安倍首相や麻生財務大臣が厳格な処分をしなかったため、政治家の関与が疑われるのです。たとえ政治家が関与しなかったとしても、「行政文書」を適正に管理しなかったことが、「政治」不信をさらに深める原因になりました。「行政文書」を適切に作成・管理・保管することは政治に対する信頼をもたらすためにも必要です。

(飯島滋明)

2-8 司法機関の公文書管理はどうなっているのでしょうか？

司法機関における公文書

(1) 司法機関とは

　日本国憲法は、「すべて司法権は、最高裁判所及び法律の定めるところにより設置する下級裁判所に属する」(76条1項)と規定しています。したがって、司法機関という場合には、最高裁判所と全国に設置されている高等裁判所、地方裁判所、家庭裁判所、簡易裁判所が対象となります。

　もっとも、後述するように、刑事事件の記録については、検察庁において保管することとされているので、行政機関たる検察庁での文書保管についても触れることとします。

(2) 司法機関における公文書

　司法機関における公文書は、大きく2つに分けることができます。

　ひとつは、裁判所という役所の運営に関する文書です(司法行政文書)。裁判所は、裁判を行うだけではなく、裁判所を運営するのに必要な規則の制定や会計事務、裁判官や裁判所職員の採用や研修といったさまざまな事務も行っています。これらの事務を担う部門として、最高裁判所には事務総局が、下級裁判所には事務局が置かれています。

　もうひとつは、裁判に関する文書です(裁判文書)。裁判文書は、事件記録とも呼ばれ、①民事事件、②刑事事件、③家事事件、④少年事件の4類型の事件に分かれます。私たちの生活上のトラブルを扱うのが民事事件、犯罪に対する処罰を行うのが刑事事件、離婚などの家庭内の紛争を扱うのが家事事件、少年の刑事犯罪について教育的観点から処遇を考えるのが少年事件です。いうまでもなく、事件記録にはプライバシーにわたる情報が記載されていることが多いので、後述する法律などによって閲覧できる人の範囲を限定したりしています。

司法行政文書の管理

　司法行政文書は、「裁判所の職員が職務上作成し、または取得した司法行政事務に関する文書、図画及び電子的記録（電子的方式、磁気的方式その他人の知覚によっては認識することができない方式で作られた記録をいう。）であって、裁判所の職員が組織的に用いるものとして裁判所が保有しているもの」と定義され、事務局長の発した「司法行政文書の管理について（通達）」に基づいて管理されています。

　その管理の基準は、行政機関とほぼ同一の基準です。具体的な管理は、司法行政文書管理システムによって、電子文書と紙文書を一元的に管理し、文書の類型に基づき一定の保存期間、保存されます。保存期間が満了した文書については、文書管理者の判断により、保存期間の延長または廃棄を決定しています。

　また、司法行政文書は「裁判所の保有する司法行政文書の開示に関する事務の取扱要綱」により、開示請求をすることができます。

裁判文書の管理

(1) 裁判文書の作成および保管

　裁判文書である事件記録は、当事者から提出された書類や裁判所書記官が作成した調書、裁判所（官）が作成した判決書などで構成されます。

　当事者から提出された書類には次のようなものがあります。民事事件や家事事件では、訴状や答弁書などの主張書面、それらの証拠を裏づける証拠（紙で提出するものを「書証」といいます）などです。刑事事件や少年事件では、起訴状などのほか、それらを裏づける証拠などがあります。

　また、口頭弁論期日（民事事件）や公判期日（刑事事件）が行われると、その期日の重要事項を記載した調書が裁判所書記官によって作成されます（民事訴訟法160条、刑事訴訟法48条）。その調書は、裁判所書記官によって作成された後、裁判官（長）による認印を受けます（民事訴訟規則66条2項、刑事訴訟規則46条1項）。

　事件記録の作成や保管に関する事務については、裁判所書記官が行うこととされています（裁判所法60条2項）。裁判所書記官は、その職務を行うに

ついては、裁判官の命令に従いますが（裁判所法60条3項・4項）、調書の作成または変更に関して裁判官から命令を受けた場合において、その作成または変更を正当でないと認めるときは、自己の意見を書き添えることができます（同条5項）。

(2) 裁判文書の保存および廃棄

　事件記録のうち、刑事事件以外の事件記録の保存および廃棄については、「事件記録等保存規程」および事務総長通達「事件記録等保存規程の運用について」で定められており、完結した事件記録は、原則として、当該事件の第一審裁判所において、記録保存用の保管庫に保存されています。文書の種類によってその保存期間は異なっています。刑事事件以外の判決原本は50年、和解調書は30年、それ以外の事件記録は5年とされています。保存期間経過後は廃棄されますが、判決原本はその廃棄を留保する取り扱いがなされています。また、重要な憲法判断があった事件など、資料的価値の高い事件記録などについては、弁護士や研究者などの意見を十分に斟酌して、特別保存記録（事件記録等保存規程9条2項、事件記録等保存規定の運用について第6第2項参照）として、保存期間満了後も保存されることがあり、事実上の永久保存となっています。

　ちなみに、刑事事件記録の保存等については、刑事確定訴訟記録法が、第一審の裁判をした裁判所に対応する検察庁の検察官が保管することとしているため、裁判所では保管されていません（同法2条）。

(3) 事件記録の閲覧等

　裁判の対審および判決は、公開法廷で行うこととされています（憲法82条1項）。この裁判の公開原則から、民事訴訟法は訴訟記録の閲覧については、原則として誰にでもその請求権を与えています（同法91条1項）。もっとも、当事者や利害関係人を除いて、謄写（コピー）を許していません（同条3項）。また、一定の事由がある場合には、閲覧等の制限を裁判所に求めることができます（同法92条）。

　家事事件についても、当事者や利害関係人には原則として公開することとされています（審判事件につき家事事件手続法47条、調停事件につき同法254条）。原則公開である以上、秘匿しなければならない情報があるときには、裁判所に対して秘匿を求める上申書を提出するほか、事前にマスキング処

理をして提出することになります。たとえば、DV被害者が加害者に住所を秘匿している場合です。従前の住所（住民票上の住所）を申立書に記載したり、現住所から離れた病院に通って診断書を出してもらったり、勤務先を秘匿したり、被害者の住所の特定につながる情報の提出には細心の注意を払います。

　他方、刑事事件については、事件が終了した後でなければ閲覧をすることはできません（刑事訴訟法53条1項）。この閲覧請求は何人も行うことができますが、一般の閲覧に適しないものとしてその閲覧が禁止された訴訟記録については、訴訟関係人やその閲覧について正当な理由があってとくに訴訟記録の保管者の許可を受けた者でなければ、これを閲覧することができないとされています（同条2項）。また、刑事確定訴訟記録法でも、その閲覧が犯人の改善や更生を著しく妨げるおそれや関係人の名誉や生活の平穏を著しく害するおそれがあると認められる場合などには、閲覧させないことができるとしています（同法4条2項）。犯罪をしたあるいは犯罪の被害にあったということは、その人にとってとてもセンシティブな情報ですから、興味本位での閲覧はできません。

　なお、少年事件は原則非公開ですから、記録についても裁判所の許可を得た人でなければ閲覧も謄写もすることはできません（少年審判規則7条）。少年事件は、刑罰ではなく、少年の保護更生を目的としています（少年法1条）。少年事件では、弁護士が付添人として関与することがありますが、付添人もすべての記録を謄写できるわけではありません。少年事件では非行事実などに関する捜査記録などがまとまった「法律記録」と、家庭裁判所調査官や少年鑑別所での調査結果などがまとまった「社会記録」がありますが、「社会記録」については付添人であっても謄写を認めないという運用がなされています。

重要な記録は永久保存のはずが……

(1) 永久保存される記録

　訴訟記録は、その保管期間が満了した場合、原則として廃棄されますが、一定の場合には、特別保管記録として残されることがあります。

　民事訴訟記録のうち、重要な憲法判断があった事件の訴訟記録などは、

史料的価値が高いものとして、事件記録等保存規程9条2項の特別保存に付されます。この特別保存に付されると事実上の永久保存となります。この特別保存に付するかどうかについて、弁護士会や学術研究者などから要望があった場合には、その要望を十分に斟酌することになっています（事件記録等保存規定の運用について第6第2項）。

　刑事訴訟記録のうち、再審の手続のため保存の必要があるものは、再審保存記録としてさらに保存されます（刑事確定訴訟記録法3条）。そのほかにも、刑事法制およびその運用ならびに犯罪に関する調査研究の重要な参考資料と考えられるものは、法務大臣が刑事参考記録として指定し、その保管期間または保存期間の満了後も保存されます（同法9条1項）。特例としてさらに保存するのですから、この刑事参考記録についても、事実上の永久保存とされるべき記録といえます。

(2)　永久保存されるはずの記録が廃棄されていた

　しかし、この永久保存されているはずの刑事参考記録が、その指定を解除され、廃棄されていることがわかりました。2018年4月4日の衆議院法務委員会で、司法文書の管理が話題になりました。希望の党の井出庸生議員の質問によると、過去5年間で、刑事参考記録の指定を解除されたものは、2012年度、2013年度はともに0件でしたが、2014年度が9件、2015年度が5件、2016年度が1件の合計15件あるということです。この15件のうち、すでに廃棄しているものは何件か、という質問でした。この質問に答えたのが辻裕教刑事局長（当時）です。辻局長は、1件に特別処分（記録事務規定11条。保管期間満了後にさらにその記録を保管する処分のこと）がなされ、14件が廃棄されたと回答しました。この回答に井出議員も驚きを隠せませんでした。

　辻局長は、刑事参考記録は、刑事法制あるいはその運用等について参考となるから保存しているのであって、その必要がなくなれば刑事参考記録から解除されることになるし、その後は保管している各検察庁で判断したものと理解していると答弁しました。

　たしかに、辻局長の答弁は一見してもっともなように思います。しかし、この参考記録は、誰でも見れるわけではありません。それどころか、現在指定されている事件が何なのかということについても、リストなどが公表

されていませんから、まったくわからないというのが現状です。そのような中で、保管の必要がなくなったので廃棄したと言われても、本当に必要がなくなったのかを判断することもできません。そもそも、その記録が刑事法制あるいはその運用のために保管されている事件かどうかもわからないのです。

　井出議員は、2017年12月1日の法務委員会でもこの問題を質問し、林真琴刑事局長（当時）から刑事参考記録に含まれる事件累計とその指定数を明らかにさせています。林局長によれば、死刑に処する裁判により終結した被告事件、あるいは、国政を揺るがせた犯罪に係る被告事件および犯罪史上顕著な犯罪に係る被告事件などが刑事参考記録になると述べ、刑事参考記録に指定されているものは845件と答えています。そうであれば、指定が解除され廃棄された事件の、このように刑事法制に関わるものではなく、重大な事件に関する記録であった可能性が否定できません。

　なお、2018年9月28日の閣議後記者会見で、上川陽子法相（当時）は、刑事参考記録722件について、当事者のプライバシーに配慮したうえでリストを公表すると述べました（2018年9月29日付毎日新聞）。解明はこれからです。

(3)　刑事参考記録とされても閲覧は容易ではない

　刑事参考記録は、誰でも見ることができるわけではありません。学術研究のためなどに限定されています。しかし、先に述べたように、どの事件の記録が指定されているのかもわかりませんし、それらの記録は各地方検察庁に保管され、どこか1か所で保管しているわけでもありません。これでは、学術研究者であっても、それを使うことができないといわざるをえません。

　このことに関連して、戦時下の新潟でキリスト教徒が弾圧された事件についての報道がありました（2018年8月16日付毎日新聞）。この報道によると、76年前の判決書などが新潟地検に保存されていることがわかったが、関係者が閲覧を申請しても拒否されているということです。裁判手続を利用して開示を迫っても、保存期間の過ぎた内部文書であるため、閲覧の対象にならないという判断がなされたともいわれています。

　このような運用がなされるのであれば、刑事参考記録とすべき記録であっ

ても、検察庁にとって都合の悪いものは指定せず、指定したとしても開示しない、あるいは指定を解除して廃棄するということがまかり通ってしまう危険があります。

　2018年7月には、オウム真理教関係者について大量の死刑執行がありました。オウム真理教が関与した地下鉄サリン事件などの犯罪は、日本の犯罪史上顕著な犯罪ということができます。他方で、松本智津夫元死刑囚は、控訴審段階から拘禁反応と思われる症状を呈し、弁護人との意思疎通が困難といわれてきました。刑事訴訟法314条1項は、被告人が心神喪失となった場合には公判手続を停止しなければならないとしています。その意味では、刑事法制や刑事裁判手続を検討するにあたっても非常に重要な事件記録ということができます。当然、刑事参考記録に指定されるべきものと考えられますが、その指定を決定するかどうかは法務大臣に委ねられることになります。恣意的な指定や指定解除を防止したり監視したりする制度的な保障がないことは大きな問題です。

(4) 刑事参考記録を真に活用するために

　ときおり、「どうして悪い人を弁護するのですか」、「罪を認めている被告人を弁護する必要はあるのですか」という質問を受けることがあります。刑事訴訟における弁護人の役割はいろいろあるのですが、もっとも重要なのは冤罪の防止です。加えて、被告人に科せられる刑罰が適正なものであること（過剰な処罰を防止する）、違法な手続を見逃さないという役割も重要です。そのために、被告人の立場から証拠を提出したり、意見を述べたりします。

　捜査機関である検察庁には、強大な国家権力が背景にあります。その権力によって冤罪が生まれてしまったことは、足利事件や布川事件などいくつも例証を上げることができます。こういった冤罪事件は、非常に重要である反面、検察庁にとっては都合の悪い事件ということもできるでしょう。こういった事件こそ、多くの教訓を持つはずですし、刑事参考記録にふさわしい事件といえるでしょう。教訓を得るためには批判的に分析されることが必須となりますが、その活用方法がまったく整っていないといわざるをえないのです。

（池田賢太）

2-9　会計検査院も把握できない政府費目があるそうですが本当でしょうか？

はじめに

　みなさんがバイト先や仕事先で情報収集や取引先との協力関係を築くために、使途も書かず領収書もいらない自由に使ってよいお金（たとえば、毎月100万円）を与えられたら、その用途は本当に仕事のためだけのものになるでしょうか？　これを国民が納めた税金を使う国家の話に置き換えたらどうでしょう。

　日本国憲法は、国の財政活動に関しても事前事後に民主的コントロールが及ぶようにする財政民主主義の考え方を採用していますし（7章）、90条1項は「国の収入支出の決算は、すべて毎年会計検査院がこれを検査し、内閣は、次の年度に、その検査報告とともに、これを国会に提出しなければならない」としています。会計検査院は決算確認の際、違法不当な事項がないかどうか確認しますので、本来、領収書のいらないそのようなお金（機密費）が存在するのはおかしいのですが……。

　ここでは、機密費（正式名称は報償費）の問題や会計検査院の役割について考えていきたいと思います。

最近の事例

　2018年1月19日、内閣官房機密費情報公開訴訟をめぐる最高裁の判断が下されたことを受け、3月20日に一部の情報が開示されました（月ごとの収支や払い出しの総額）。その流れにおいて明らかにされたことは、官房機密費とは、①政策推進費、②調査情報対策費（情報提供の対価や情報収集のための会合経費）、③活動関係費（交通費、贈答品や慶弔費など）に分類されるということのみならず、官房長官の判断で自身が出納管理し、領収書も不要の政策推進費が約9割を占めているということでした（月平均支出が1億円。小泉内閣時の安倍官房長官時代が平均88.2%、第2次安倍政権時の菅官房長官時代が

平均92.34％）。

　国側は機密費を「内閣官房の行う事務を円滑かつ効果的に遂行するため、当面の任務と状況に応じて機動的に使用することを目的とした経費」と位置づけていました。しかし、麻生内閣時の河村建夫官房長官が2009年9月16日に総辞職する約1週間前の10日に政策推進費2億5000万円を引き出しており（それまでの月平均の約2.5倍）、その後も使途が明らかにされていません（政策推進費の割合は98.13％）。これでは「本当に"国の事務や事業"のために使用しているのか？」という疑念も生じ、「機密費は廃止すべきでは？」といった批判も噴出しました。

　それ以前にも、小渕内閣時の野中広務官房長官は、自民党の国対委員長に月500万円を渡していたことを引退時に暴露している事例もありますし、そのほかにも、選挙対策に充てられたという証言もあります（2018年3月23日付朝日新聞4面。この記事は「一党一派の選挙のために使っていない」という否定の声も取り上げています）。

　ただ、最高裁が機密費情報の一部を公開としたことによって、「政権推進費の出入金の時期と、選挙や政局の動きと照らし合わせ、チェックすることが可能」となり、「政権与党によるバラマキや、野党の一部勢力を切り崩し、金で政策を買うような工作を防ぐことにつながる」ようになったことは、まったく不透明であった時期に比べれば若干の進歩があったといえるかもしれません（2018年3月21日付朝日新聞39面の右崎正博教授のコメント）。

　ですが、このような一定の進歩がみられたと同時に、一般の会計文書と同様、官房機密費関連の文書も、5年の保存期間終了後に廃棄するというニュースも続けて登場してしまいました（2018年5月20日付毎日新聞）。この点を明らかにしたクリアリングハウスの三木由希子代表は「使途が行政文書として保存されているかどうかも疑わしいという問題だ」と述べており、これが事実なら、機密費に関する公文書管理は作成と保管の両面から問題があることも明らかになってきました（三木由希子「官房機密費『支出先文書は5年で廃棄』『9割が領収書不要』の実態」現代ビジネス2018年6月13日〈https://gendai.ismedia.jp/articles/-/55986〉）。

会計検査院の役割

　政策推進費が9割という現状では、会計検査院のチェックはかなり限定的なものとならざるをえません。

　会計検査院とは、行政の組織のひとつであるものの、「内閣に対し独立の地位」を持つ組織で、「正確性、合規性、経済性、効率性及び有効性の観点その他会計検査上必要な観点」から検査を行います（会計検査院法1条、20条3項）。検査の範囲は、国の毎月の収入・支出や国の所有する現金、物品、国有財産の受け払いなどですが（22条）、院が必要と認めるときや内閣の請求あるときは、国の所有・保管する有価証券や国の保管する現金・物品などの会計経理の検査をすることができます（23条）。

　ここでは、あらためて日本国憲法に会計検査院の規定がなぜ存在するのか、その意味を考えていくことにしたいと思います。まずは、日本国憲法と大日本帝国憲法の会計検査院に関する規定を見てみましょう。

日本国憲法90条1項
国の収入支出の決算は、すべて毎年会計検査院がこれを検査し、内閣は、次の年度に、その検査報告とともに、これを国会に提出しなければならない

大日本帝国憲法72条1項
国家ノ歳出歳入ノ決算ハ会計検査院之ヲ検査確定シ政府ハ其ノ検査報告ト倶ニ之ヲ帝国議会ニ提出スヘシ

　両条文を見ると、会計検査院による国の収入支出の検査や内閣の国会への検査報告提出義務と共通部分が多いのでふと見逃してしまうのですが、よく比較してみると、日本国憲法の規定には、①"すべて"、②"毎年"、③"次の年度"という言葉が新たに付け加わっていることがわかります。ここでは、①と②について考えていくことにしましょう。

　"すべて"（①）とは、検査対象として例外を決して認めないということです。この理由は戦前の法が例外規定を設けていたことによります。たとえば、旧会計検査院法23条は「政府ノ機密費ニ関ル計算ハ会計検査院ニ於テ検査

ヲ行フ限ニ在ラス」と規定していましたし、陸海軍出師準備ニ属スル物品検査ノ件（明治23年法律第70号）は「陸海軍出師準備ニ属スル物品ニ対シテハ陸海軍大臣其ノ責ニ任シ会計検査院法ヲ適用スルノ限ニ在ラス」とし、機密費や軍の出兵（出師）準備のための物品が検査対象外であったのです。

　機密費に関して、受取名義人の確認、予算が全部使用されたか否か、残額があるかなどの検査にとどめられ、使途内容は一切触れられなかったそうですし、1931年9月の満州事変以降、とくに陸軍にてその使用比重が増大していくことになります。たとえば、満州事変以前は外交関係や国内警察関係の使用金額がもっとも大きく、機密費の総額も1929年度が691万円、1930年度が383万円でした。それに対し、1931年度は満州事件機密費として陸軍のみで783万円、翌年度は約3倍の2,399万円と増えています（1937年度の臨時軍事費特別会計設置によりその傾向に拍車。会計検査院130年史編集事務局編『会計検査院百三十年史』〔会計検査院、2010年〕128～129頁）。

　そのうえ、軍の機密漏洩を防止することを目的とする軍機保護法の存在、そしてその範囲を拡大した1937年8月の法改正も相まって、検査制約の範囲も拡大されていきました。

　現行憲法のもうひとつのキーワード、"毎年"（②）とは、決算と検査を定期的継続的に行うことを意味するのですが、戦前は決算が毎年行われない事例も存在しました。これは、一会計年度が戦争終結まで数年にわたる「臨時軍事費特別会計」が認められていたためです（同149頁）。

　以上の点から、戦前の軍部の暴走を二度と繰り返させないようにするために、当該条文は民主主義的な視点のみならず、平和主義的な視点をも内包させていることが理解できると思います。

民主党の機密費流用防止法案

　したがって、このような歴史の反省の下に憲法90条が規定されたのであれば、機密費の存在はあってはならないものと考えることができるでしょう。ただ、政府側が主張するように、どうしても機密費が必要であるのであれば、現在のような運用の仕方ではなく、厳格な制限に服さなければならないはずです。

　この点、2001年に生じた外務省機密費流用事件を受けて、当時野党であっ

た民主党は、機密費の支払記録書の作成や一定期間経過後の公表を求める機密費流用防止法案を第151国会（衆議院議案受理年月日は2001年6月12日）に提出しました（審議未了で廃案）。

法案の正式名称は、「機密費の使用に係る文書の作成、公表等に関する法律案」ですが、「機密費の使用の適正化に資するため、その支払記録書の作成、公表義務等について定める」ことを趣旨としています（1条）。機密費の定義も「国の安全、外交その他の国の重大な利益又は国民の生命、身体若しくは財産の安全に係る国の機密の活動に使用するための国の経費」（2条）と限定し、首相や各省大臣の機密費の厳正な使用を位置づけたうえで（3条）、所管大臣は関係職員に機密費支払記録書を作成させる義務があることも規定しています（4条）。また、機密費支払記録書の公表義務や適正な保存も示されています（5・6条）。

先ほどの事例と対比すると特徴的なのが、第1に記録書作成が前提になっていること、第2に記載事項が詳細であること（①）、第3に保存を前提にし公表期限がある程度明確になっていること（②）です。

①機密費支払記録書の記載事項

支払いをした職員の官職および氏名
支払いの年月日
支払い金額
支払いの相手方の氏名または名称
支払いに係る活動および当該活動が機密である具体的な理由
支払いについて承認をした者の官職および氏名

②機密費支払記録書の公表期限

1	2以外の機密費支払記録書	10年
2	とくに機密の程度が高い活動であると所管大臣が認めるもののために支払われた機密費に係る機密費支払記録書	25年

おわりに

機密費が存在しないことが一番なのですが、仮に機密費が必要だとしても、よりよい民主主義社会を維持するためには、民主党案のような記録化

や公表期限の設定にとどまらず、支払相手の制限（公務員やマスコミ関係者など）まで考える必要があるでしょうし、知る権利を明記し、非開示情報の範囲を限定化する情報公開法の改正や、裁判所のみが文書などを直接見分する非公開のインカメラ審理を可能にすることも必要かもしれません（この点につき、上脇博之「官房機密費情報公開訴訟最高裁判決――開かずの扉をこじ開け、暗闇に光を当てた闘い」法学セミナー761号〔2018年〕6～7頁）。

　このまま何も手を打たなければ、戦前の歴史と同様、「緊急事態だから」とか「外交上必要だから」といった何らかの理由をつけて、何度も国家破綻に陥らせるような、打ち出の小槌のような使い方を再びしないともかぎりません。

　実は、この点で注意を要するのが、特定秘密保護法との関係です。たとえば、2013年秋頃、会計検査院と内閣官房との当該法案の意見交換時に、会計検査にて特定秘密が提供されない可能性を指摘した会計検査院の事例などがあるのです。したがって、戦前の軍機保護法と同様、特定秘密を理由に機密費のような問題が生じないか、読者のみなさんも考えてみてほしいと思います（特定秘密保護法と公文書の関係をめぐる詳細な論点については、3-5参照）。

（榎澤）

2-10 国立公文書館はどのような仕事をしているのでしょうか？

はじめに

　東京都千代田区北の丸公園にある国立公文書館に行ったことがある人は少ないかもしれません。国立国会図書館の年間来館者数は 75 万人あまり（2017 年度）で、いつもごった返している印象に比べて、国立公文書館の年間利用者は 4,700 人あまり、見学者を入れても約 7,000 人あまり（2016 年度）にすぎません。また、その来館利用者も、研究者や大学などでの論文執筆者に偏っています。

　でも、国立公文書館は歴史的資料として残されるべきと判断された膨大な重要な行政文書を所蔵し、それを一般向けに公開している国民にとって大切な知のインフラともいえる場所です。

　ここでは、国立公文書館には何があり、どんな役割を担っている場所なのか、それを整理・保管・公開するアーキビストはどんな仕事をしているのか、その養成や拡充はどんなに大事なのかを考えていきたいと思います。

国立公文書館が保管しているもの

　日本の重要でおかつ膨大な行政文書は、まず国の行政機関から移管を受け、独立行政法人国立公文書館で保存・管理されています。この段階で行政文書は特定歴史公文書となります。これら公文書は整理・保存され、調査研究に付されることになります。

　国立公文書館では 2018 年 4 月の時点で約 146 万冊の公文書、古書・古文書、絵図、資料などを保管しています。資料の中には、日本の政治や経済に関わった政治家や企業家の日記を含む個人資料など寄贈を受けたものも含まれています。2016 年度の統計によりますと、28,574 冊の行政文書が、国の行政機関から移管されています。これらは、保存期間が終わった後に歴史公文書として残すべきと判断されたものです。その数は明治以降から

現在の国立公文書館（撮影：松本）

数えて98万冊あります。明治以降の、憲法、勅令、政令なども含まれます。

また、「内閣文庫」という古書や古文書も約48万冊あります。国の重要文化財に指定されているものも数多くあります。これらは永久保存対象ですが、紙資料とともに、デジタル化も進めています。

増え続ける公文書を現在の国立公文書館本館だけでは保管しきれなくなっています。その対策として、1998年には茨城県つくば市につくば分館が造られました。さらに、2027年の完成をめざし、国会議事堂隣の現在の憲政記念館の場所に480億円かけて新館を建設する予定となっています。

国立公文書館の役割と歴史

国立公文書館は、次のように自らの役割を定義しています。公文書は「健全な民主主義の根幹を支える国民共有の知的資源であ」るので、「公文書等の適切な保存及び利用は、行政運営の適正かつ効率的な推進にとどまらず、現在及び将来の国民に対する説明責任を果たし、我が国の歴史・文化及び学術に係る研究等の振興並びに国民のアイデンティティ形成にも寄与する」ものである（国立公文書ウェブサイト「平成30年度独立行政法人国立公文書館年度目標」<http://www.archives.go.jp/information/pdf/nendomokuhyou

_30.pdf>）。

　すなわち、公文書の管理と公開は、将来の国民や他国の研究者・市民が日本の意思決定過程を再検証し、歴史を鑑とするための動かぬ証拠を示すためにも絶対に必要なものです。

　1945年8月の敗戦直後、夥しい量の公文書が証拠隠滅のために意図的に焼却されました。意思決定に関わった人たちの戦争責任を免れるためとされます。その結果、とくに日中戦争以降敗戦までの戦争遂行に関する意思決定のプロセスを公文書を使って系統的にたどることが難しくなり、歴史に空白ができてしまったことは否めません（この点については2-5参照）。戦後もしばらく公文書は各省庁で保管されていたので、散逸されやすいという難点もありました。

　それらの反省点にかんがみて、公文書の散逸を防ぎ、収集し調査をするという目的で1971年に国立公文書館が設立されました。さらには、保存・公開（閲覧・展示）だけでなく、公文書を国民共通の財産として後世に伝えるという役割が1999年の「国立公文書館法」規定によって裏づけられることとなりました。2001年には、独立行政法人化し、2009年には「公文書管理法」が制定されました。2011年からは同法が施行され、統一的な管理ルールが行政文書に課されることになりました。この法律では管理状況の報告が義務づけられ、内閣府が実地調査・勧告する制度が設けられました。これによって、公文書のより厳密な管理と公開・利用促進がされるようになりました。

　数々の法律によって、公文書が厳格に管理されるようになったのはよいことですが、問題点もあります。たとえば、貴重な古書の集積である「内閣文庫」は、かつてそのための庁舎があり専従職員もいました。ところが、組織・所蔵資料ともに国立公文書館に移管されたのち、2001年の国立公文書館の独立行政法人化で組織は廃止され、所蔵資料は古文書コレクションという名称で残っていますが、関連する新たな文書は収集されず、これまで収集した文書の保存のみがなされることになりました（閲覧は可）。それは、国立公文書館法の規定で、同法の業務のみに従事することとなり、公文書移管以外の資料収集ができなくなったからです。

　また、独立法人化によって、移管図書も国の機関から直接移管を受けら

れなくなってしまいました。現在は、まず内閣総理大臣が国の機関から移管を受け、それから内閣総理大臣を介して国立公文書館が移管を受けるというかたちになっています。ただ、移管協議において、「……必要があると認めるときは、内閣総理大臣は、あらかじめ、国立公文書館の意見を聴くことができる」(国立公文書館法15条)ことになりました。

　公文書がよく管理・保存され、広く公開・利用されているのかということは、世界的にみてもその国の国民の「知る権利」を守る情報公開度の透明性と相関関係があります。もちろん、公開された公文書に基づいた学問の水準を担保するということはいうまでもありません。逆に「公文書」の管理が悪かったり、広く公開されていなかったりする国は民主主義の度合いが低く、学問の水準も低いままにとどまる、ということになります。

デジタル化

　最近は、国際的な傾向としてアーカイブがデジタル化されるようになってきました。日本の国立公文書館も例外ではありません。公文書の一部は、インターネット上でいつでもどこでも無料で見ることができるようになりました。

　デジタル化されている所蔵文書はまだ17%にすぎません。年間3万冊も増えているので、すべてデジタル化するのは現時点では難しいというのが実情です。人手と予算がネックとなっています。ただ、国立公文書館は、将来的に100%のデジタル化をめざしています。その一方で、公開申請をし、審査を待ってはじめて公文書館内でのみ閲覧できる、という公文書もあります。

　2001年には、独立行政法人国立公文書館となる一方で、「アジア歴史資料センター」が開設されました。ここでは、国立公文書館とともに外務省外交資料館、防衛省防衛研究所図書館などの機関が保管している歴史資料をデータベース化し、公開可とされたものにインターネット上でいつでも地球上どこでも、誰でもアクセスすることができます。これにより、近代史研究や歴史教育にさらに利便性が図られることになりました。

　これを読んでいるみなさんも、どうぞ「国立公文書館デジタルアーカイブ」のウェブサイトを覗いて、たとえば「谷中村」と検索をかけてみてください。

有名な「足尾鉱毒事件」に関する請願書等がたくさんヒットします。このように、歴史が身近なものと感じられるとともに、公害を繰り返し、人権を守らなかった近代産業史を反省し、鑑としなければならないことがわかるでしょう。これから100年、200年後の人びとに、公文書という贈り物をしっかり残すという国立公文書館の歴史的使命をひしひしと感じることができるでしょう。

アーキビストの仕事、養成と拡充の必要性

　アーキビストとは耳慣れない言葉です。今までは、図書館司書資格がある人や歴史学を専攻した人が、公文書を扱うアーキビストの仕事に就いていたことが多かったのです。でも、専門職という位置づけであったのは国立公文書館など、限られた場所にすぎませんでした。

　ちなみに、国立公文書館では、アーキビストは188人（2017年現在）にすぎません。アメリカ合衆国の国立公文書館は3,112名、ドイツは687名、英国も600人を数えますので、人口規模からいっても、アーキビストの数があまりにも少ないといわざるをえません。28,574冊（2016年）をもとにして単純計算すると、1人のアーキビストが年間152冊の文書を受け入れていることになります。すなわち、1人あたり年間200日働くとすると、1日に0.8冊を処理する計算となり、激務であることがわかります。

　さて、公文書は国だけでなく、都道府県、市町村が持っています。都道府県の約85％が公文書館を設立しています。このことは、1987年の「公文書館法」（1999年改正）にも規定されています（静岡県歴史的文書閲覧室も含む。2019年1月現在）。さらには、公式記録・資料は民間団体（会社、法人など）も持っており、社史、学校史、財団史などの編纂に役立っています。

　そのような公的・私的組織の資料を広くアーカイブとして位置づけるならば、これらを整理・保存・研究する人の仕事の職務は広がりをもっていることがわかるでしょう。

　そこで、学会登録アーキビストという専門職以外、現在、いくつかの大学で専門職としてのアーキビストの育成をする大学院のコースが開設され、修士号が出されるようになりました。そのカリキュラムは、アーカイブ史、アーカイブ利用論、アーカイブ評価方法、整理、記述の仕方、保存方法、

リファレンス方法、アーカイブ公開の仕方、法的問題、倫理、情報科学の応用など、多岐にわたります。

　もしも、専門職員としての教育を受けていないアーキビストがいたら困ります。公文書の記録管理の原理・原則を知ったうえで歴史文化に関わる仕事をしている重責を担っているということを自覚していなかったり、能力がなかったりしたりする人がいるとしましょう。そういう人が公文書を勝手な判断で焼却したり、破棄したり、墨塗りにしたり、誤った保存方法で結果的に文書を台なしにしたら、将来的に二度と歴史の検証ができなくなります。それは、未来の人びとへの贈り物としての公文書の意義を大きく損なう行為です。そういう意味で、専門職としてのアーキビストの養成は必要なのです。

　また、それは少数ではなく、ある程度の数が必要となります。なぜならば、アーキビストの仕事は、ある集団の記憶を補強し、市民の権利・財産やアイデンティティを守り、公的・私的な組織の透明性を保ち、現在と将来の世代への責任を果たす、という重要性を担っているからです。

　昨今の急速なデジタル化と情報公開、さらには英語でのサイト運営という流れの中で、職務に関する知識や能力をブラッシュアップする研修を随時更新していかなければなりません。そのために、時代の要請に応えることができる高い能力の人が、アーキビストという専門職の誇りと熱意をもって仕事を続けられ、また尊敬されるという社会的環境を整えなければなりません。アーキビストの地位を保全し、高い職位を保障し、雇用の予算をつけることによって、未来に責任をもてる社会をつくることができるのではないでしょうか。

おわりに

　国立公文書館は、国民の大事な財産である公文書を管理・保存・公開していることがわかりました。公文書は「国民の知る権利」を守るもので、民主主義の根幹をなします。権力者にとって「都合の悪い」公文書であっても、それを破棄したり改竄したりすることなく、後世に伝えるという重要な任務を担っているのです。

（松本ますみ）

2-11 国立公文書館以外、公文書を管理している施設はあるのでしょうか？

16の公文書管理施設

　内閣府のウェブサイトでは、「公文書管理法では、現在のみならず、将来の国民に対する説明責任を果たす観点から、国や独立行政法人等から歴史公文書等（歴史資料として重要な公文書その他の文書）の移管等を受ける施設を『国立公文書館等』として指定しています」と紹介されています。国立公文書館「等」とされているように、国立公文書館以外にも歴史公文書等の移管を受ける施設があります。内閣府のウェブサイトでは「平成30年4月1日現在以下の16施設が該当」とされています。

　公文書管理法2条3項では、「国立公文書館等」として、「独立行政法人国立公文書館」の設置する公文書館と並び、2号で「行政機関の施設及び独立法人等の施設であって、前号に掲げる施設に類する機能を有するものとして政令で定めるもの」とされています。

　公文書管理法施行令2条1項1号では「宮内庁の施設であって、法第15条から27条までの規定による特定歴史公文書等の管理を行う施設として宮内庁長官が指定したもの」、公文書管理法施行令2条1項2号では「外務省の施設であって、法第15条から27条までの規定による特定歴史公文書等の管理を行う施設として外務大臣が指定したもの」が挙げられています。外務省と宮内庁は国立公文書館ができる前から公文書館があったため、国立公文書館以外の保管先として認められています。

　さらに公文書管理法施行令2条1項3号では「独立行政法人等の施設であって、法第15条から27条までの規定による特定歴史公文書等の適切な管理を行うために必要な施設及び体制が整備されていることにより法第2条第3項第1号に掲げる施設に類する機能を有するものとして内閣総理大臣が指定したもの」に特定歴史公文書等が移管されると定めています。内閣総理大臣が指定するものとして、次頁の表の4から16が存在します。

表　国レベルの公文書館　　　　　　　　　　　（内閣府ウェブサイトより飯島が作成）

1	独立行政法人国立公文書館
2	宮内庁書陵部図書課宮内公文書館
3	外務省大臣官房総務課外交史料館
4	国立大学法人北海道大学大学公文書館公文書室
5	国立大学法人東北大学学術資源研究公開センター資料館公文書室
6	国立大学法人筑波大学アーカイブス
7	国立大学法人東京大学文書館
8	国立大学東京大国語大学文書館
9	国立大学法人東京工業大学博物館資料館部門公文書室
10	国立大学法人名古屋大学大学文書資料室
11	国立大学法人京都大学大学文書館
12	国立大学法人大阪大学アーカイブス
13	国立大学法人神戸大学大学文書資料室
14	国立大学法人広島大学文書館
15	国立大学法人九州大学大学文書館
16	日本銀行金融研究所アーカイブス

なぜ「大学」が国立公文書館等？

　国立公文書館以前から独自の公文書館を所有していた外務省と宮内庁の場合には、その経緯をふまえて、国立公文書館以外の公文書の移管先とされています。ここで、「なぜ大学が国立公文書館等に？」との疑問をもたれる方もいるかもしれません。そこで実際に大学の公文書館がどのように使われているのか、その一例を紹介します。

　「満洲第731部隊軍医将校の学位授与の検証を京大に求める会」という団体があります（以下、本稿では「検証を求める会」と略記します）。かつて京都帝国大学は旧満洲第731部隊軍医将校に医学博士の学位を授与しました。しかしその将校の学位論文「イヌノミのペスト媒介能力に就いて」の「Ⅶ　特殊実験」で用いられている動物実験のサルが「頭痛を訴えた」などの記載があることから、実はこの実験で使用されたのはサルではなく人ではないかとの疑念を「検証を求める会」はもちました。そこで「検証を求める会」は「厳正な学位論文を行なうべき学術機関として、貴大学におかれましては、上記実験動物がサルであったかヒトであったかを検証する義務があります。

もしヒトであったことが判明した場合、すみやかに学位授与を取消されるよう」要請しました（以上、「求める会」ウェブサイト掲載の資料から）。

　2018年4月14日、「検証を求める会」は記者会見を行い、国立公文書館から関東軍防疫給水部731部隊「留守名簿」の開示を受けたと発表しました。この記者会見を報じる2018年4月14日22時25分付京都新聞（電子版）の見出しが「731部隊の構成全容明らかに　国立公文書館が名簿開示」とされているように、開示された名簿には「軍医や技師、看護師など役職と階級、留守宅を記載したもので、3607人が実名で記載されていた」。この資料に関して研究者は「731部隊構成の全容が分かる第1級の資料。政府が詳細な公文書を保管していたことが戦後70年以上たって初めて明らかにできた」と発言しています。

　そして「検証を求める会」は、国立公文書館に対してだけではなく京都大学大学文書館にも公文書開示請求をしています。京都大学大学文書館に保存されている資料は、公文書管理法2条5項の「法人文書」に当たります。「検証を求める会」はたとえば「1930年度から1945年度迄の京都大学医学部教授会議事録及び教授会付議資料」「石井四郎（1920年京都帝国大学医学部卒）に関する保有個人情報、関係文書」などの法人文書の開示を請求しています。

　2017年8月、NHKは『731部隊の真実――エリート医学者と人体実験』を放映していますが、そこでは「731部隊の罪行のもう一つの責任は日本の大学にある」と報じています。学術・研究・教育機関として大学が政治や当時の社会問題に関わることも少なくありません。

　地域の有力大学が作成・所有している文書を「法人文書」として適切に管理・利用することは、過去の政策や現在の問題を検証・活用する際に重要な場合も少なくありません。

（飯島）

2-12 自治体は公文書をどのように管理しているのでしょうか?

はじめに

　ここまで主に国の公文書管理についてさまざまな角度から見てきました。しかし、自分の住んでいる自治体はどうなのかと思った人もいるかもしれません。仮に、自治体が長い期間、悪化している財政状況に関して、公文書も作らず情報公開もせず、住民にひた隠しにしていたらゾッとしますよね。憲法94条は「地方公共団体は、その財産を管理し、事務を処理し、及び行政を執行する権能を有し、法律の範囲内で条例を制定することができる」と国から独立した自治体の立法活動や行政活動について規定しているので、これらの権能を行使し続けるには公文書なしでいられるとは考えることはできないのですが……。

　以上の点もふまえ、ここでは自治体の公文書管理について考えていきたいと思います。

最近の事例

　最近の事例を見てみると、地方議会のいくつかにおいて、森友学園との国有地取引をめぐる公文書改竄に抗議し、真相究明を求める意見書を可決する動きがありました（2018年4月1日付朝日新聞）。たとえば、鳥取県議会は「行政全体への信頼を損なうものであり、ひいては国会審議や民主主義の根幹を大きく揺るがしかねない問題」（3月23日）、札幌市議会も「政府の公文書の信頼性を大きく傷付けただけでなく、議会制民主主義の根幹を揺るがす極めて深刻な問題」（3月29日）と批判しています。これは自治体自体の公文書管理を示す内容ではないのですが、自治体議会の考え方を示す一例として重要と考えられます。

　ただ、自治体での貴重な歴史公文書が廃棄されたり、所在が不明である事例も明らかになっています。

たとえば、2015年に千葉県文書館において戦没者遺族台帳や一般邦人引揚者など第2次大戦関係文書が大量に誤って廃棄されました（たとえば、2017年4月20日付毎日新聞）。さらに、外務省が1950年に都道府県に調査を指示した「満蒙開拓団実態調査票」が廃棄（1県）されていたり、所在不明（13道府県）であることも判明しました（2018年8月26日付毎日新聞）。後者の事例は、毎日新聞が47都道府県にアンケートをした結果によるもので、24県も自らが設定した保存期間が過ぎれば廃棄対象になりうることも判明しているとのことです（9県は永久保存扱い）。

　満蒙開拓団は、1932～1945年に日本が中国東北部に樹立した傀儡国家「満州」に送り込まれた約27万人の農業移民を指します。しかし、彼らのデータが失われることは、日本国憲法制定理由である「政府の行為によつて再び戦争の惨禍が起ることのないようにすること」（前文）の"戦争の惨禍"の具体例を解明できなくなるだけではなく、現在・未来の住民がその歴史を受け継ぐことができなくなってしまうことを意味しています。

　ただ、ここであらためて念頭に置かなければならないのは、自治体といっても数多くの団体（都道府県47団体、指定都市20団体、市区町村1721団体）が存在するため、公文書管理のあり方ひとつとっても自治体ごとに異なっている可能性があるのです。筆者自身の経験からすると、職員の個人メモまで公文書としてしっかり残す自治体も存在すれば、結論にあたる決裁文書や簡素な過程記録しか残さない自治体も存在していました。さらに、市町村合併や庁舎建て替え時に引き継ぎ資料などの公文書を紛失・廃棄してしまったり、倉庫に大量の公文書が未整理のまま眠っているような事例もありました。

公文書管理法の規定

　この点、公文書管理法34条は「地方公共団体は、この法律の趣旨にのっとり、その保有する文書の適正な管理に関して必要な施策を策定し、及びこれを実施するよう努めなければならない」と規定しています。要するに、公文書管理に関しては各自治体の努力義務としているのです。

　このような規定になった理由は、この法律が制定された2009年以前から、条例を通じて公文書管理をしっかり行っていた自治体の存在（神奈川県、大

阪市、北海道ニセコ町、熊本県宇土市）や自治体の自主性を尊重する憲法規定によるものでした。

現在の状況

総務省自治行政局行政経営支援室『公文書管理条例等の制定状況調査結果』（2018年3月）によれば、2017年10月1日調査時点で、表1が示すように、条例等の制定状況は高率であることがわかります。

表1　条例等の制定状況

都道府県	指定都市	市区町村
47 (100 %)	20 (100 %)	1,605 (93.3 %)

しかし、この調査は"等"と書いてあるので、その中に長が権限に属する事務に関し制定する「規則」や自治体内部での事務処理のための指針や基準を定めた「要綱」などを含んでしまっているのです。

ただ、公文書管理法16条1項は公文書利用請求権を示しているので、閲覧制限をするのであれば住民の権利を制限することになります。また、地方自治法14条2項は法令に特別の定めがないかぎり、条例によらなければならないとしています。したがって、住民の権利を制限し義務を課す「条例」に限ってしまうと、表2のようにその比率が一気に下がってしまうのです。

表2　条例の制定状況

都道府県	指定都市	市区町村
5 (約10.6 %)	4 (20 %)	12 (0.7 %)

もうひとつ考える必要があるのは、公文書館の存在です。参議院内閣委員会「公文書等の管理に関する法律案に対する附帯決議」（2009年6月21日）では、改善点として「一部の地方公共団体において公文書館と公立図書館との併設を行っていることを考慮しつつ、より多くの公文書館が設置されることを可能とする環境の整備について検討すること」（16項目）としていました。

この点、先の総務省の調査結果を表3として整理させてもらいましたが、まだまだ数値的に低いと考えられ（とくに市区町村）、附帯決議から10年近

く経った現在も検討・改善しなければならない課題といえるでしょう。

表3　公文書館の設置状況

都道府県	指定都市	市区町村
33 (70.2 %)	8 (40 %)	97 (5.6 %)

住民共有の知的資源

　それではなぜ自治体も公文書管理が必要なのでしょうか。職務上必要だからともいえるのですが、先述の公文書管理法34条が自治体の公文書管理について"この法律の趣旨にのっとり"と規定している部分が重要です。

　立法目的を示す1条がもっとも該当する部分ですが、そこでは公文書は「健全な民主主義の根幹を支える国民共有の知的資源として、主権者である国民が主体的に利用し得るもの」としています。この"国民"の部分を"住民"に置き換えれば、自治体の公文書は「住民共有の知的資源」であり「住民が主体的に利用し得るもの」ということになるのです。

　条例を制定せず内規にとどめたり公文書館設置数が低い理由はもしかすると、このような趣旨が浸透していないからかもしれません。

日本国憲法8章と公文書管理

　ではなぜ、"国民"の部分を"住民"に置き換える必要があるのでしょうか。日本国憲法は自治体の主人公を"住民"とする住民自治の考え方をとっているからです（92条）。具体例を挙げると、自治体の長や議員は自治体住民が選挙で直接選ぶこと（93条2項）、1つの自治体のみに適用される特別法に対して住民投票を行うこと（95条）、さらに、地方自治法は長や議員のリコールや議会の解散も住民が直接請求できるとしております（その他、条例の制定改廃、事務監査請求など）。

　自治体の長や議員は住民から選ばれた以上、住民に対し、公文書を通じて説明責任を負うのはむろんのことですが、仮に公文書が残されなかったとしたら、住民自治に基づく住民のさまざまな権利は絵に描いた餅になってしまいます。したがって自治体によっては、公文書管理条例以外に自治体や自治体議会の憲法といわれる「自治基本条例」や「議会基本条例」にも、

住民と自治体との協働を実現するために情報公開や公文書を残す規定を設けているところもあるのです。

　ところで、この住民自治の考え方は憲法 92 条に書かれています（「地方公共団体の組織及び運営に関する事項は、地方自治の本旨に基いて、法律でこれを定める」）。この"地方自治の本旨"という部分がまさにそうですが、「住民自治（地方自治が住民の意思に基づいて行われるという民主主義的要素）」以外に、「団体自治（地方自治が国から独立した団体に委ねられ、団体自らの意思と責任の下でなされるという自由主義的・地方分権的要素）」も含まれます（芦部信喜〔高橋和之補訂〕『憲法〔第 6 版〕』〔岩波書店、2015 年〕367 頁）。

　団体自治を実現する場合も、自治体が独自の公文書をしっかり残していなければ、中央政府から独立した存在としてはたして機能できるのでしょうか。他の自治体や国との対等な交渉もままならないのではないでしょうか。たとえば、愛媛県知事が加計問題に関して、県側の公文書（知事は職員の"公文書ではなく私的メモ"と言っていましたが）を提示した事例は、このことを考えるうえで重要なのです（国側は口頭や記憶で回答していましたが、本来国側も公文書をもって愛媛県文書に回答しなければならないはずです）。

おわりに

　憲法が描く地方自治の考え方を根づかせるためには、自治体側が公文書管理をしっかり行うことはもちろんですが、同時にそこに在住する住民の意識が変わることも重要です。

　自治体アーカイブス研究会が実施した調査項目「廃棄予定の文書名をインターネットで公開するなど、評価・選別の結果を住民に公表する取り組みを行っているか」という問いに対し、回答があった 44 都道府県のうち、38 都府県が「行っていない」と回答したといいます（2018 年 8 月 9 日付毎日新聞）。これは、都道府県レベルですらまだまだ自治体の公文書が"住民のもの"であるという意識が根づいていない証拠といえるかもしれません（ただ、熊本県のように県民からの意見聴取した後、有識者による現物確認と意見聴取を行っているところもあります）。それと同時に、身近であるはずの地域の歴史や政治に住民自体が関心をもっていなかったことの表れともいえるかもしれません（これらは郷土史家や研究者が関心をもつものというイメージが依然と根強い

のです)。

　自治体によっては財政状況が厳しいところもあるため、公文書館そのものを設立・維持するのは難しい場合もあるでしょうが、何らかのかたちで自治体の公文書を残していかなければ、自治体の歴史に空白をもたらす結果になり、自治体住民のアイデンティティや住民同士の連帯感も喪失する可能性も否めないでしょう。説明責任を果たすべき自治体側が住民に断りなく公文書を廃棄するというのはもってのほかですが、住民側からも自らの財産である公文書を守る取り組みが今後必要かもしれません。

(榎澤)

2-13 アメリカの公文書管理体制はどうなっているのでしょうか？

アメリカ国立公文書記録管理局

　アメリカ連邦政府の公文書はアメリカ国立公文書記録管理局（NARA: National Archives and Record Administration）という連邦政府の機関が管理しています。米国立公文書館や歴代大統領の文書が収められている米大統領図書館などはこの機関の管轄下にあります。

　1934年6月19日に米議会は米国立公文書館法を成立させ、同法によって米国立公文書館が設立されました。米国立公文書館は1949年に発足した一般調達局（GSA: General Service Administration）に統合されますが、1985年に独立した連邦政府組織として発足し、現在に至っています。2014年の時点では職員数は3,112人です。その後予算削減で職員数が減っている可能性はありますが、日本の国立公文書館の場合、2013年の時点で常勤・非常勤を合わせても167人なので、規模がかなり違います（2-10参照）。

　連邦政府の諸機関では、文書によっては一定期間を過ぎると破棄されるものもありますが、重要文書の場合、永久に保存され、基本的には30年が経過すると、アメリカ国立公文書記録管理局へと移管されます。

　アメリカ国立公文書記録管理局には座右の銘というべき言葉があります。「未来を守るために、過去を保全する」という言葉です。そして使命として次のように述べています。「アメリカ国立公文書記録管理局は、人びとが記録遺産から発見し、使用し、学ぶことを保証するため、私たちの政府の文書を保護し保全することによって、アメリカの民主主義に仕えます。私たちは、アメリカ市民の権利と政府の活動についての、極めて重要な記録に継続的にアクセスすることを保証します。私たちは民主主義を支援し、市民教育を推進し、私たちの国の経験についての歴史的理解を促進します」。

　この言葉はとても大事だと思います。実際、米国立公文書館にて筆者は調査を実施してきましたが、たとえ米国政府・軍の不条理な政策・軍事行

米国国立公文書館

為であったとしても、多くの文書が公開されています。たとえば、アルバカーキ・トリビューン紙がマンハッタン計画の下での人体実験について報じた後、1990年代には米エネルギー省から米国立公文書館へ、人体実験に関する文書が移管されて、多くの文書が公開されました。今年2019年は日本で国立国会図書館が開設されて71年になりますが、同館も「過去を読み、未来を読む」という言葉を掲げ、その国立国会図書館法の前文で「真理がわれらを自由にするという確信に立って、憲法の誓約する日本の民主化と世界平和とに寄与することを使命として、ここに設立される」と謳っています。自由と民主主義を守るためには、過去の資料・記録・出版物を守ることこそが根幹にあるのだと思います。

　米国の連邦政府文書は主に米国立公文書館に移管され、市民・研究者・ジャーナリストが世界中から集まって調査・研究ができる状態です。利用できるのは14歳以上で、それ以下の年齢は一定の条件付きなど年齢制限はありますが、使用する人は「リサーチャー」と呼ばれ、基本的には平等に扱われます。また、資料の申請やコピーをする際の機密解除請求では、基本的に手書きでリストに名前を書いたり書類に記入します。誰がどういう文書をいつコピーをしたかについては、電子化された情報では残らないので、今のところ、調査研究のプライバシーが保たれていると思います。

　米国立公文書館での大変充実した資料探しのための手段として、ファイル名のリストが書かれたファインディング・エイド（Finding Aid）があります。

たいてい連邦政府の資料は、テーマに沿って、1つのファイルに年月日順にファイリングされます。一定年数が経過すると、ミカン箱ぐらいのサイズの箱に入って米国立公文書館に移管されます。米国立公文書館に移管後は、幅10センチほどのアーカイブズ・ボックスに整理されますが、史料によってはミカン箱サイズの箱の状態のままの場合もあります。もともとのファイルにはすでに、ファイリングされている資料のテーマが記されているので、連邦政府機関の内部でも、使用しやすい状態になっています。文書そのものも、重要機密資料の場合はとくに、どの機関の誰に配布したのかが明記されています。私の主に扱っている時代は1940年代・50年代なので、こうした文書管理は早くから根づいているといえると思います。

　さらに、実際に連邦機関にいた多くの人が、退職後ボランティアとして米国立公文書館で史料整理やファインディング・エイド作りなどに携わっているので、史料のファイリング状態や、ファインディング・エイドの充実ぶりは素晴らしいです。連邦政府・軍の文書が保存されたそのままの状態でリサーチャーが利用できるのは、こうした活動が支えているからだと思います。

　また、日本の公文書館でも常識になっているのでしょうが、文書館でのリサーチの際は、リサーチャーは文書に書き込んだり、ポストイットを貼ったり、順番を入れ替えたりすることは厳正に禁止されています。オリジナルの状態を保つことによって、どのリサーチャーが利用しても同じ状態で見ることができるので、文書管理のあり方として大事なことだと思います。

　文書が収められているファイルには、行政機関に所在するときにつけられたファイル名がそのまま残っており、公文書館等での資料の管理には、そのファイル名がそのまま使用されてます。たとえば、米原子力委員会生物医学部の資料で1954年水爆実験による日本の被災関連の資料が収められているファイルは "JAPAN GENERAL 1951-1955" というタイトルでした。

　ファイルの中には、年月日順に関連文書が収められており、ファイル全体を見ればその当時の書簡のやりとりや関連資料全体を見ることができるので、ファイルのタイトルの問題を効率よく把握するのに実に適切なファイルでした。こうした文書の状態を見れば、行政機関内部でも、勝手に抜き取ったり破棄したり改竄したりしにくいことが予測できます。

アーキビストとは？

　大辞泉によるとアーキビストとは「公文書の収集、分類や保管にあたる担当者。公文書館などで調査研究にあたる専門職員」と説明されています。またリーダーズ英和辞典では「文書館員、文書係」とあります。アメリカでは、アメリカ国立公文書記録管理局の長を務める人物は「アメリカ合衆国ザ・アーキビスト」と呼ばれており、合衆国のアーキビストとしての最高の地位を占める人物を指します。それだけ、文書を保管し管理する職業の地位が高いのだと思います。

　ただ、私にとりましては、アメリカのザ・アーキビストといえば、ジョン・テーラー氏を思い浮かべます。彼のアーキビストとしての仕事ぶりを通して、「アーキビストの仕事はこうなのか」と、わかってきたからです。

　テーラー氏が米国立公文書館で働き始めるのは1945年9月からです。軍隊に入ることを希望していましたが、片目に視覚障害があり、入隊できませんでした。米国立公文書館で彼の扱う文書は軍事資料でした。テーラー氏には、未来を守るために、過去の資料を保全し、軍事機密資料を含めて公開の姿勢をもつ公文書館こそがふさわしかったのだと思います。アメリカ連邦政府には、障害のある人を積極的に雇用する制度がありますが、米国立公文書館でも、テーラー氏を含めてどこかに障害がある人が職員として多く活躍していたように思います。

　テーラー氏は、いつどのような資料が米国立公文書館に移管されたのかを網羅的に把握しており、また、どのリサーチャーがどのレコード・グループに関心があるのかを把握し、それぞれに対してとても適切に助言していました。彼の助言の成果ともいえる著作物は、テーラー氏に寄贈され、その数は1,011冊にものぼります。

　私は2008年に初めての単著『封印されたヒロシマ・ナガサキ――米核実験と民間防衛計画』（凱風社、2008年）を出版し、テーラー氏に寄贈しました。テーラー氏はその年の9月20日に87年の生涯を終えました。私の本を含むテーラー氏のコレクションは現在、米国立公文書館の図書館に収められています。冷戦・諜報関係、そして第2次世界大戦関連の研究書が大変充実しています。まさしく彼の生涯そのものが、"未来を守るために過去を保

全する"人生であったことが、このリストを見るだけで理解できると思います。

フォイア (FOIA) とは？

米国立公文書館で公開されている資料を調査していると、あるときウィズドロー・シートというものが出てきました（下部資料。撮影：高橋）。国家安全保障上の理由やその他の理由によってこの文書は抜き取っているということを知らせる紙です。この紙には、文書の件名や日付、そして抜き取る判断を出した人物の名前が明記されてます。この紙を眺めて困っていると、テーラー氏が「フォイアを請求すればいいよ」と声をかけてくれました。

私にとっては当初、謎の言葉だったのですが、「フォイア」とはFOIA（Freedom of Information Act）、つまりアメリカ連邦政府情報（公開）自由法のことでした。この法律は、1966年7月4日（独立記念日）にジョンソン大統領が署名し、翌年1967年7月4日に施行さ

れ、基本的にいかなる人にも、行政機関文書にある政府の情報にアクセスする法定の権利を付与するとしています。この法律の対象は連邦政府文書に向けられているので、アメリカ議会、最高裁判所、そのほか州政府など地方自治体の行政文書は、それぞれ情報公開のための違う法律があります（米国公文書館のFOIAについてのウェブサイト <https://www.archives.gov/foia/foia-guide>）。

リサーチャー（市民・研究者・ジャーナリスト）側の活動

アメリカ連邦政府は、国家安全保障の名の下に多くの文書を公開せず、機密扱いする一方で、その全体像をリサーチャー側は把握しにくい状態でした。そうした中、情報公開請求を組織的に積極的に行い、その成果を情報共有する団体であるアメリカ国家安全保障アーカイヴス（National Security Archives）が1985年に発足しました。同団体は情報公開された文書を、資料集・データベースなどの作成によって、さらに共有化しています。連邦政府の機関ではない第三者機関が、文書の開示を求め、共有化する活動そのものが市民社会を支えるために重要だといえます。市民が国家に監視されるのではなく、市民が国家を監視するのが成熟した市民社会のあり方なのだと思います。

公文書は待っていたら自動的に文書が開示される、というわけではなく、とりわけ国家安全保障に関わる文書の場合、情報自由法を請求されてはじめて公開するかどうかを検討することが多々あります。それだけリサーチャー側の積極的な活動が重要だといえます。行政側は後世の批判に耐えうる誠実で堅実な行政を行い、市民側はそうした行政に対して継続的に検証してゆく、という関係性が民主主義社会を支えるのだと思います。

また行政側は、監視され・検証されるのは行政なのだという自覚をもつことが大事だと思います。行政に携わる人たちは、すぐには公開できない史料だとしても、後世の検証に耐えうる大事な仕事を行い、それを誠実に記録に残し、保全してゆく責務があると思います。

（高橋博子）

第3部

私たちの身近な暮らしと関係する公文書

3-1　社会保障と公文書

「消えた年金」問題

　社会保障は、私たちの生活の中でも大きなウエイトを占めています。医療、年金、保険、介護、生活保護など、さまざまな側面で関わりがあります。医療や介護のように現物で給付されるものもあれば、年金や生活保護のように現金で給付されるものもあります。突然、その給付が制限されたり、減額されたりしたらどうでしょうか。あるいは、もらえるはずのものがもらえなくなっていた場合、あなたはどうしますか。

　この問題で思い起こすのが、2007年の「消えた年金」問題です。現在は、一人ひとりに「基礎年金番号」が割り振られていますが、かつては国民年金、厚生年金、共済年金それぞれの制度に加入したときに番号が割り振られていたので、1人で複数の年金番号をもっていることが当たり前の状態でした。その後、基礎年金番号ができたことにより、徐々に統合されていったのですが、統合しきれずに誰のものかがわからないという年金保険料の納付記録が5,095万件も存在したという大事件でした。これは、もらえるはずの年金がもらえなくなっていたという重大な事件で、記憶に新しい問題です。

　この消えた年金問題については、原因究明のために年金記録問題調査委員会が設置され、その調査報告の中で、ずさんな年金記録の管理が指摘されていました。公文書管理が直接私たちの生活に影響を与えた事例です。

社会保障は日本の一大事業

　社会保障と一口にいっても、医療、年金、保険、介護、生活保護などなど、その範囲はとてつもなく広くなっています。2018年度の一般会計予算総額は97兆7,128億円、そのうち社会保障費は32兆9,732億円で、歳出の33%を占める、国家の一大事業です。

　少子高齢化を背景として、社会保障費は年々増加しています。この費用

をどこから捻出するかがいつも問題になります。これまで「社会保障と税の一体改革」と称して、税制度とあわせて検討と改変が繰り返されてきました。社会保障給付を行うには、その原資つまり税収の確保が必要になります。限られた税収の中で給付を行うのですから、出を少なくして入りを増やそうと考えるのが当然でしょう。

しかし、出を少なくするということは、社会保障給付が減少するということです。年金や生活保護などの現金給付額の減少は、直ちに生活に影響を与えます。また、介護や医療に関する現物給付が減ると時に命に関わる重大な問題が生じます。他方で、入りを増やすための増税も一緒になるとその打撃は計りしれません。いずれの政策をとるにせよ、しっかりとした根拠がなければ、単なる弱い者いじめになってしまうことになります。

生活保護の切り下げ

2013年5月16日、厚生労働大臣は、厚生労働省告示174号を出して生活保護基準の改定を行い、同年8月1日付けで生活保護基準の引き下げを行いました。この引き下げについては、全国29の地方裁判所で訴訟が提起され、1,022人の原告が争っています。その中で2018年10月1日から、生活保護費はさらに切り下げをされています。私が弁護団の末席に名を連ねている札幌地裁の「新・人間裁判」では、原告が実名で提訴を行い、毎回の法廷で切り下げ以後の生活の実態について意見陳述をしています。食費を切り詰めるために閉店間際のスーパーで見切り品を購入したり、ご祝儀や香典を包めないために冠婚葬祭を断り続けていたり、精神疾患や身体障害のために働きたくても働けない実情などが切々と語られます。憲法25条に保障された生存権が侵害されている現実を突きつけられます。

この裁判の中で、いろいろなことがわかってきました。問題の2013年の生活保護基準の引き下げは、物価の下落を理由として行われました。そこで用いられていたのは、「生活扶助相当CPI（消費者物価指数；Consumer Price Index）」という独自の消費者物価指数です。そして、この生活扶助相当CPIは、総務省統計局が出しているCPIとはまったく異なる方法で、独特の方法で計算されていたことがわかりました。

日本における政府統計は、総務省統計局が国政の基本に関する統計を作

成し、各府省が所管行政と密接に関連する統計を作成するというかたちになっています（分散型統計機構）。それゆえ、厚生労働省が、その所管する生活保護政策に関して統計を作成するのはある意味当然のことです。しかし、各府省において統計を作成するにあたって、まったく独自に作成すると政府統計としての統一性が失われます。生活扶助相当CPIの大きな問題点のひとつは、政府統計としての基本的な統一性すら欠いているという点にあります。

　総務省統計局は、国政の基本となる統計の作成と提供をしており、統計局も「消費者物価指数（CPI）」を毎月公表しています。統計局のCPIは、2005年、2010年、2015年と5年ごとに基準となる年を設定し（基準年）、ラスパイレス方式という基準年の指標を基準として物価の変動をみる方式を採用しています。5年ごとに対象となる品目の変更はありますが、「接続」という手法を用いて、連続性を維持しています。

　他方、生活扶助相当CPIは、2008年を基準年としています。そうすると、統計局のCPIの基準を使うことができませんから、独自に基準年の物価を算定することになります。統計局の方法を採用すれば、2005年を基準として算定することになりますが、生活扶助相当CPIでは2010年の指数を基準として算定しました。比較年を基準として基準年の値を算出する方法をパーシェ方式といいますが、生活扶助相当CPIにおいては、基準となる2008年から2010年までを実質的にはパーシェ方式で算定し、2010年以後をラスパイレス方式で算定するという極めて異質な算定方式をとっています。これでは、統計としてもっとも重要な連続性や正確性を担保することができません。

　これは、生活保護受給者だけの問題ではありません。私たちの生活に密接に関連する社会保障の分野において、恣意的にデータが作られ、利用されていたことを意味します。これが他の社会保障やあるいは一体的に改革される税制度にも波及しているとしたら、私たちは何を信頼したらよいのでしょうか。どんな政策をとるのか、あるいはとらないのかを決めるときに、公文書は決定的に重要な資料になるのです。

政策検証のためにも公文書は必須

　2019年2月現在も、裁判は継続しています。原告である生活保護受給者たちは、国に対して、この算定根拠の不合理性を厳しく追及しています。このような裁判ができるのも、政策の意思決定が曲がりなりにも公文書に記録されていたからにほかなりません。

　政策の大きな転換が図られるとき、充実した議論がなされているかどうか、専門家（とくに政策転換に対して慎重な意見をもっている専門家）の意見が十分に反映されているかどうかを検証するためには、その議論の状況を正確に記録した議事録や報告書などの公文書が必須です。この公文書が偽造、改竄されるようなことがあれば、ただでさえ高いハードルのある司法による救済ですが、それすら閉ざされることになります。

（池田）

3-2　労働と公文書

憲法と労働

　憲法は勤労の権利と義務を定め（27条1項）、「賃金、就業時間、休息その他の勤労条件に関する基準」を法律に委任します（同条2項）。ここからは第1に、勤労条件の基準は法律のかたちで決めること（勤労条件基準の法定主義）、第2に、その基準はディーセント・ワーク=「働きがいのある人間らしい労働条件」を満たすものでなければならないということが導かれます。

　そのために、政府は実態を正しくつかみ、立法機関である国会に伝える責務を負います。では実際、政府はその責務を果たしているでしょうか。

「働き方改革」

　2018年4月、政府は国会に「働き方改革法案」を提出しました。法案は、多様な働き方の実現と、長時間労働の是正を謳いました。一方で、裁量労働制（実際の労働時間とは関係なく、あらかじめ定めた時間働いたとみなされる制度）の業務拡大も法案に含める予定でした。

　では、裁量労働は労働時間を短縮させる（時短）でしょうか。政府が「裁量労働=時短」の根拠に挙げたのは、13年「労働時間等総合実態調査」でした。それによると、一般労働者の1日の労働時間が9時間37分、企画業務型裁量労働制では9時間16分でした。なるほど「裁量労働=時短」の図式が成り立つようです。

　ところが後者には、1日の労働時間が極端に短い労働者が含まれていました。裁量労働の時短効果を偽装するために、数字を操作したのではないでしょうか。政府も調査の誤り（すなわち「裁量労働=時短」ではないこと）を認め、裁量労働の業務拡大部分を法案から削りました。

障害者雇用

　障害者雇用促進法は、障害者の労働権と社会参加の機会を保障するための法律です。同法により、一定割合（法定雇用率）以上の障害者を雇う義務を負います。法定雇用率は、民間企業で2.2％、国・地方公共団体で2.5％です（障害者雇用促進法および同法施行令。2019年3月現在）。

　それを実現するためのアメ（雇用率を満たす企業に対する報奨金や税制上の優遇）とムチ（雇用率を満たさない企業からの納付金徴収）もあります。

　しかし、国の多くの機関は、障害が軽く障害者手帳のない者・退職者・死亡者を算入して申告していたのです。行政機関の雇用率は、全体で1.18％から2.49％に水増しされていました（「国の行政機関における障害者雇用に係る事案に関する検証委員会報告書」）。

	実際の雇用率(%)	水増しされた雇用率(%)
内閣府	1.14	2.37
総務省	0.76	2.30
法務省	0.80	2.44
文科省	0.57	2.41

外国人労働者

　26万人の外国人技能実習生が、今、日本で暮らしています。彼らには、労働基準法や最低賃金法などの保障が、一般の労働者と等しく及びます。にもかかわらず、悪質ブローカーによる搾取、強制・低賃金・長時間労働が横行しています（法務省「技能実習制度の現状（不正行為・失踪）」）。「過去3年で69人が死亡」「労災死は17年までの4年間で30人」「年間7000人の失踪」などの数字も報じられています。

　政府は、失踪した技能実習生を対象に聞き取り調査をしました。しかし、

① 国会には、集計結果だけを示し、聴取票のコピーは許しませんでした。
そこで野党議員は、人海戦術で調査票を書き写すはめになりました。
② 政府は、最低賃金未満の率を0.8％と説明しましたが、野党の検証で、67％が最低賃金未満だとわかりました。
③ 政府は、失踪動機の最多は「より高い賃金を求めて」だと説明しました。しかし回答項目に「低賃金」「低賃金（契約賃金以下）」「低賃金（最低賃金以

下)」の選択肢はあっても、「より高い賃金を求めて」という選択肢はなかったのです。「より高い賃金を求めて」というまとめでは、最低賃金以下の例が多いという実態が隠れてしまいます。また、身勝手な動機で失踪したという誤った印象を与えかねません。

18年の入管法改正で、技能実習終了後に特定技能外国人として働き続ける制度が設けられました。しかし、新制度を導入する前に、まず既存制度の実態を正しく把握し、その結果を国会に伝える必要がありました。つまりこの問題でも、政府は責務を果たさなかったのです。

（永山）

3-3 教育と公文書

学校における公文書

　教育における公文書管理の問題について、教育の現場である学校（とくに小学校と中学校）を中心に考えてみたいと思います。公文書を広く「公の機関または公務員がその職務上作成した文書」と理解するならば、国公立の学校は公文書が行き交う"交差点"のような場所です。公文書の内容も、学校の運営や事務に関わる行政的なものから、子どもたちの教育や生活指導に関わるものまでさまざまです。

　一方で、学校には日常的に、文部科学省や自治体の教育委員会から通知や依頼などさまざまな公文書が送られてきます。なかでも学習指導要領は文科省から「告示」された文書ですが、学校教育を縛る強い力をもっています。他方で、学校は公文書を発出する組織でもあります。子どもたちの教科の成績や日常の生活を記録した通知表はもちろんのこと、保護者に宛てた"学校だより"や"学級通信"も広い意味で公文書に当たるでしょう。また、学校は毎年、教育活動や学校運営に関して自ら評価し、その結果を保護者や地域の住民の人たちにウェブサイト上で公表しています（学校教育法42条、43条）。

　学校は「表簿」と呼ばれる文書を備えておく必要があります。たとえば、学校日誌や指導要録、出席簿、健康診断表などです。これも公文書です。これらの文書は5年間、長いもので20年間の保存が義務づけられています（学校教育法施行細則28条）。

　学校はまた"調査の場"でもあります。学校で集められたデータやアンケートは、国や自治体によって集計・分析され、報告書のかたちで公表されます。全国学力・学習状況調査、いわゆる"全国学力テスト"も「教育に関する事務」についての調査として行われています（地方教育行政の組織及び運営に関する法律〔地行法〕42条2項）。また、"チャレンジテスト"と呼ばれ

る独自の学力テストを行い、教員に子どもの成績をウェブサイト上で入力させ、子どもの"学力向上"のために活用しようとする自治体もあります（たとえば北海道）。調査結果を記載する文書も公文書といえます。

　個別の調査では、いじめによる自死が疑われる場合に行われる"いじめ調査"があり、第三者委員会によって報告書が作られます（いじめ防止対策推進法28条）。調査内容は法律上、いじめの被害者である生徒と保護者に説明することが義務づけられていますが、報告書を一般に公表することまでは定められていません。文科省は、再発の防止やいじめのない学校づくりの参考にするために、プライバシーなどに配慮しつつ公表することが望ましいとしています。大津市のようにいじめの原因調査を徹底的に行い、報告書を市のウェブサイトで公開する自治体もあります。しかし、ここ数年起こった重大ないじめ事案のうち、その報告書を公表した自治体は全体の3割にとどまるといわれています（2019年1月27日付読売新聞）。

学校の公文書管理における問題点

　公文書の管理が国民の利益のためになされるべきことは当然ですが（1-2参照）、教育における公文書の管理はなによりも、子どもの「人格、才能並びに精神的及び身体的な能力をその可能な最大限度まで発達させること」に役に立つものでなければなりません（子どもの権利条約29条）。学習する権利やプライバシーなど子どもの人権に対する最大限の配慮が求められます。また、学問的な正しさや道徳的な善さを決める"権威"ではない国は、子どもたちに教えられるべき教育の内容に権力的に介入することには抑制的であるべきです（旭川学力テスト事件・最高裁1976〔昭和51〕年5月21日判決）。誤った知識や一方的な観念を教え込むことは、子どもの人間としての成長を歪めてしまうことになるからです。

　以上の観点から、教育における公文書の管理は、①子どもや保護者から情報を収集する際の調査の内容・方法、②収集された情報の入力・送信・保存の方法、③収集された情報の評価・公表・利用の方法のいずれのプロセスにおいても、子どもの人権の保障と国による権力的な介入の抑制の原則が守られなければなりません。管理上の問題をいくつか指摘したいと思います。

⑴　**全国学力テスト**

　全国学力テストは1950年代から60年代にかけて実施されていましたが、学校や地域間の競争が激化し、教員が試験中に子どもに正答を教えるなどの不正も明らかになり中止されました。その後、2007年に再開され、現在に至ります。

　調査の面では、国が学力テストを実施する法的な根拠がそもそも曖昧です。集計の面では、民間機関に委託されている点で情報漏洩の懸念があります。公表の面では、公表の方法は自治体の教育委員会の判断に委ねられ、そのやり方によっては、再び地域間の競争を煽り、学校の序列化を生みかねません。

⑵　**不登校の子どもの実態調査**

　教育機会確保法は、不登校の子どもたちに対して必要な学習支援を行うことを目的として、2016年に制定されました。これに基づき学校は、子どもたちが不登校に至った理由や現状などを的確に把握するために「児童生徒理解・教育支援シート」を作成することになっています。記入される内容は、子どもの内心・生育歴・家庭環境などセンシティブな情報を含みます。

　管理・利用の面で懸念されるのは、学校内だけでなく医療機関や児童相談所など外部の組織との間でも情報が共有され、本人の同意がない場合でも、転校先の学校や進学した学校にまでも引き継ぎされうるという点です。子どもが自分の情報をコントロールできなくなるおそれがあり、プライバシーの観点から問題です。

⑶　**教育委員会の公開**

　教育委員会は、学校の設置、教職員の人事、学校の施設整備、教育課程の編制、子どもの学習指導、教科書の選定など幅広い権限をもっています（地行法23条）。これらの決定は地域の特性や実情をふまえ、地域で子どもたちをどのように育てるかについての住民の意思を反映したものでなければなりません。そのためには教育委員会の会議と議事録の公開が不可欠です（同法14条7項）。

　しかし、会議の傍聴には許可が必要であり、秘密会で審議される事項も多く、その部分の議事録は公開されません。人事案件はともかく、"静ひつな環境を確保する"という理由で教科書選定（たとえば、特別の教科「道徳」の

教科書の選定）の会議まで非公開とするのは疑問です（宮城県・福岡市など）。

(4) 学校日誌の破棄

　学校日誌に記入されるのは、生徒の在籍数・欠席数、教職員の動静、学校行事、来校者などの客観的な情報です。その保存期間は5年間で、学校ではその期間が過ぎれば、機械的に廃棄しているようです。そのため、時間が経ってからの"いじめ調査"では廃棄されて閲覧できないこともあり、調査に支障を来すおそれがあります（たとえば福知山市）。

　また、戦前の古い学校日誌が各地で残っており、それが当時の学校や子どもたちのようすを伝える貴重な史料となっています。機械的な廃棄は見直されるべきではないでしょうか。

そもそも必要な調査なのか

　最後に調査についてひと言付け加えたいと思います。学校には、国や自治体などから年間400件を超える調査の依頼があります。学校は"調査漬け"であるともいわれ、教員の多忙化の原因にもなっています（尾木直樹『教師格差——ダメ教師はなぜ増えるのか』〔角川書店、2007年〕84頁以下）。子どもたちの教育にとって本当に必要な調査かどうか、あらためて吟味する必要があります。

（岩本）

3-4　町おこしと公文書

町おこしの法的な位置づけ

　住民の福祉を向上させるために何らかのかたちで施策を実施することは、自治体にとっても、地域社会にとっても重要な役割であり、自治体の存在理由です。そうした施策が主に地域の活性化や地域的な経済活動振興といったかたちでなされるものが、町おこしといわれるものです。この町おこしは、もともと、それぞれの地域・地方・自治体や住民の自発的・自主的取り組みとして始められているものですし、少なくない数の先進的な取り組み事例がありますが、現在では国からのアプローチもあり、多くのものは国レベルの法律・政策決定に沿ったかたちのものとしても行われています。

　国レベルでは、地方創生という政策イメージのもとに「まち・ひと・しごと創生法」（以下、創生法とします）という法律が 2014 年に制定、2016 年に施行されています。創生法では「活力ある日本社会の維持のため」の計画と計画の実施を目的とし（1 条）、具体的な施策実施事項を理念とし（2 条）、内閣にまち・ひと・しごと創生本部が置かれ（11 条）、まち・ひと・しごと創生総合戦略を策定し（8 条）、主に都道府県と市町村が主体となって行う地域活性化施策を支援することになっています。国の協力を得て、各都道府県、各市町村にもまち・ひと・しごと創生総合戦略を定めて施策を実施する責務が（4 条）、事業者には創生法の理念に沿った事業と創生法の施策への協力の責務が（5 条）、国民には創生法の理念への関心と理解の深化と施策への協力の責務が（6 条）あるとされています。

　法的な枠組みからみると、町おこしは、国レベル、都道府県レベル、市町村レベルのすべてにおいて公的な活動として、つまり国や自治体の公行政の一環として位置づけられていることがわかります。とすれば、それらの活動はすべて、有権者による評価、議会による監督、場合によっては住民訴訟などの司法審査の対象になるものだといえます。政権与党が実施し

ている政策を有権者が評価するためにも、議会で具体的な行政の施策を審議するためにも、どのような決定過程があったのか、決定過程における判断が妥当であったのか、業者との契約が適切なものであったのかといったことが明らかになっていなければなりません。各種の議事録や、業務に用いるために作成されたメモや、契約書などが正確に作成され、保管される必要があることはいうまでもないことですが、本来は可能な限り開示請求を待つことなく率先して情報開示をして透明性を確保し、情報開示請求があった場合は速やかに開示する必要があります。

　それでは、現状はどうなっているのか、東京都を例にとって見てみることにしましょう。

東京都における町おこし

　東京都の町おこしは、「東京都長期ビジョン」と「『東京と地方が共に栄える、真の地方創生』の実現を目指して──東京都総合戦略」という基本方針に基づいています。東京都における町おこしも、人口減少への対処や生活基盤の整備、産業振興や経済活性化と基本的な目標・目的については、ほかの道府県・市町村と何か変わったことがあるわけではありません。とくに多摩・島嶼部についての基本方針は、ほかの道府県でいわれていることとまったく同じことが扱われているといってもいいでしょう。

　しかし、ほかの道府県の町おこしに関する基本的方針とは大きく異なる点がいくつかあります。ひとつは日本の中心都市、首都であること、世界的な経済都市であることを強調し、創生法の理念のひとつでもある一極集中の是正にむしろ逆行するようなことを「東京と地方」の共存共栄という名目で正当化しようとしていることです。いまひとつは、2020年に予定されているオリンピック・パラリンピック競技大会を町おこしの眼目に据えていることです。

　この一極集中促進政策とオリンピック・パラリンピック競技大会推進政策には、公文書との関係で大きな問題があります。

　前者についていうと、国レベルの特殊な町おこしともいえるような国家戦略特区政策や構造改革特区政策なども関係しているのですが、東京と地方の共存共栄といいつつ、内容としては東京の中心機能をより強化するこ

とによって世界経済的に東京の地位を高めて、その東京と地方がつながることで地方にもメリットがあるという、かなり飛躍のある論理で東京への一極集中を正当化するものです。現実には、世界経済的に東京の相対的地位が低下し続けている中で、むしろそれゆえにこそ進む東京への一極集中による地方経済へのダメージを放置することにつながりかねない方針ではないでしょうか。

　こうした政策の推進はもちろん、多額の税金が投じられるうえ、都市再整備の名目で行われる無理のある建築物の高層化・集密化や、公有地などの集合住宅や事業場への転換、優良な中央卸売市場の廃止と有害物質汚染地への移転・新設など、環境保護や防災の面からも負荷の高い、負担も多い事業の実施につながりやすいものです。

　にもかかわらず、こうした事項についての公文書を、東京都は十分には公開していません。情報開示請求をされても、企業との契約上の問題や個人情報保護などを理由に、また、直接の実施主体が東京都ではないなどということを理由になかなか開示しようとはしません。

　また、後者についていうと、市民の生活に大きな負担となるにもかかわらず、普通の市民にとってはメリットがほとんど見当たらないオリンピック・パラリンピック競技大会を、不透明な過程で誘致（招致）し、都議会の審議でもまともに対応がなされなかった一因に、公文書管理の不備、開示の不徹底があるのではないかと考えられます。

　オリンピック・パラリンピック競技大会は、オリンピック憲章によるとスポーツ（文化）の振興とそれを軸にした平和の促進、人権保障といった目標ともつながる催しとされていますが、現状は単なるメガ・スポーツ・イベント、商業的なスポーツ興行にすぎず、ほかの事項に優先してまで実施するような公共性・公益性があるわけではありません。しかし、多額の公費が投入され、建設業などでは全国的に資材不足や労働者不足が生じ、市民生活では不便を強いられ、学校現場や企業では無償ボランティアへの参加が半ば強要される可能性が高まっている状況になっています。

　にもかかわらず、招致段階からまともな公文書の管理はなされませんでしたし、さまざまな理由で十分な情報開示もなされませんでした。これは、十分なかたちで情報開示されてしまうとこれらの問題点が明らかになり、

オリピック開催への支持が大きく減少してしまうという判断があったのだろうと考えられます。

　両者とも、諸外国であれば計画の段階で住民投票によって有権者の判断を仰ぐようなものだといえます。住民投票にあたっては、議会で、政党間で、賛成団体・反対団体間で、有権者・市民間で自由な議論がなされたうえで、投票によって決することになりますが、賛成するにしても反対するにしても、十分な情報を有権者が得られる必要があります。その情報のもとは公文書です。

　次に、こうした問題での住民投票の豊富な経験を有するスイスの事例を見てみましょう。

スイスにおける「町おこし」に関する住民投票の事例

　スイスではカントン（州）レベル、ゲマインデ（自治体）レベルでも、一定金額以上の公共事業については行財政住民投票にかけることができます。もちろん、これらの住民投票は日本とは異なり法的拘束力をもつものです。

　まず、都市計画的な町おこしの事例として、ベルン市の路面電車の拡張・再整備についての住民投票を取り上げます。スイスの都市部では一般的な問題なのですが、地域交通の整備がベルン市でも課題となっており、その解決策の目玉として路面電車の拡張・再整備が計画され、住民投票にかけられたのです。住民投票はベルン市西部地区への路線延長についてと私鉄の路面電車路線への相互乗り入れと北部地区への路線延長についての計画と、東側の隣接自治体であるオスターム ンディゲンへの延長についての計画に分けられますが、いずれもいったんは住民投票で否決されながら、計画を練り直して再度の住民投票（前者については2006年11月26日の市の投票と2007年6月17日のカントンの投票、2017年11月26日の市の投票と2018年3月4日のカントンの投票）によって承認されています。賛成・反対の両陣営が、公文書に基づいて議論を展開し、住民投票で決定しました。

　イベント的な町おこしとしては、最近の例としてはカントン・ヴァレーの2026年冬季オリピック誘致計画「Sion 2026」に関する住民投票があります。石油タンク用地を再整備してメイン会場にし、スキー場等もできるだけ既存の施設を使い、環境に最大限配慮した冬季オリンピックを実施する

詳細な計画が、招致活動に入る前に発表され、住民投票に付されることになり、実質的な実施主体であるカントン・ヴァレーが作成した公文書に基づいた議論が、カントン議会でも、賛成・反対のさまざまな団体の間でも、市民間でもなされ、投票の結果否決されました（2018年6月10日のカントンの投票）。

　日本では、こうした町おこしに関する法的拘束力がある常設の住民投票制度は自治体レベルでもありませんが、以上のスイスの事例からもしっかりとした公文書制度が必要なことがわかります。町おこしについても公文書制度は重要なのです。

（奥田）

3-5　特定秘密保護法と公文書管理

工業都市・港町での写真撮影に不安を覚える時代

　筆者は大きな港がある北海道室蘭市に住んでいます。港の周辺には大型の鉄鋼関連の工場や石油の製造所が集中しています。港に行けば、大きな船がこれらの工場で作られた製品や工場で使用する材料などを運ぶようすを目にすることができます。

　室蘭に友人が来ると、工場都市の姿を見てもらうために港周辺を案内することがあります。また、授業の資料として使ったり、著書の中に入れたりするために港や工場の外観を撮影することもあります。以前は何の気兼ねもせずに自由に撮影していたのですが、近年ではカメラを構えるたびに「『特定秘密』に関わるものが含まれていないだろうか？」「特定秘密に関わるものを撮影していると疑われないだろうか？」という不安が頭の中をよぎるようになりました。2013年12月に、多くの市民から出された反対の声を無視するかたちで特定秘密保護法（2014年12月施行。一部は公布と同時に施行）が制定されたからです。

　以下では、港の写真撮影にすら不安を覚えるようになった理由について、特定秘密保護法の内容を概説しながら、述べていくことにしましょう。

特定秘密保護法とは？

　特定秘密保護法の目的は、日本の安全保障に関わる情報の中で「特に秘匿することが必要であるものについて、（中略）特定秘密の指定及び取扱者の制限その他の必要な事項を定めることにより、その漏えいの防止を図り、もって我が国及び国民の安全の確保に資すること」（1条）と規定されています。「特に秘匿することが必要」な情報とは、同法の別表に示されている防衛に関する事項（1号）、外交に関する事項（2号）、特定有害活動の防止に関する事項（3号）、テロリズムの防止に関する事項（4号）のうち、公になって

おらず、かつこれらの情報が漏えいすると安全保障に著しい支障が出る可能性があるものを指します（3条1項）。行政機関の長はこれらを「特定秘密」として指定することができます（同条同項）。

　なお、特定有害活動とは、公になっていない情報のうち漏えいされると安全保障に支障を与えかねないものを取得する活動、核兵器・軍用の化学製剤・細菌製剤、それらの散布装置やそれらを運搬するロケット・無人航空機、およびそれらの開発・製造・使用・貯蔵のために使われる可能性が高い物の輸出入の活動、その他の活動を指します（12条2項1号）。安全保障に支障を与えかねないものを取得する活動やその他の活動は範囲が極めて曖昧であるため、市民のさまざまな行動が恣意的にこれらに相当するとみなされる可能性があります。

情報隠しの手段となる特定秘密保護法

　行政機関の長は何らかの情報を特定秘密として指定した場合、そのことを内閣にも国会にも報告する義務はありません。公にすれば秘密でなくなるからです。国会は、国政選挙で選ばれた全国民の代表である議員により組織されています（憲法43条）。国民の代表機関である国会で報告されないということは、議会制民主主義の否定を意味します。

　このように、現在では特定秘密保護法の存在ゆえに、市民は行政機関が有する上記の安全保障関連情報のうち何が重視され、秘匿情報として特定秘密指定を受けているのかということを知る機会が閉ざされているのです。言い換えると、何が秘密であるのかも秘密という状況がつくられているのです。そのために、仮に自らの安全に大きく関わる事態が生じていたとしても、それを理解するために必要とされる情報を得ることができません。

　また、行政機関が市民に知られたくないと思う情報を都合よく特定秘密として指定し、隠してしまう可能性もあります。これはまさに「知る権利」（この点につき、2-1、3-7参照）の侵害です。適切に特定秘密の指定がなされているかどうかをチェックする機関として情報監視審査会（衆参両議院）と独立公文書管理監（内閣）が設置されていますが（特定秘密保護法には設置に関する明文規定はありません）、その機能や効果については疑問が呈されています（2018年12月3日付毎日新聞）。

こうした点から考えると、特定秘密保護法は行政機関が情報を隠すために便利な法律であり、また、「国民の安全の確保」と謳いながらも、かえって私たち一人ひとりが自らの安全について主体的に考えることを阻む法律だといえるでしょう。

特定秘密保護法上、特定秘密の有効期間は①5年の範囲内で設定（4条1項）、②延長する場合は5年の範囲内で設定できるが（同条2項）、通算30年を超えてはならない（同条3項）、③ただし、内閣の承認があれば通算60年を超えない範囲で延長が可能（同条4項）、④一部の情報については内閣の承認があれば60年を超す延長も可能（同条同項）とされています。つまり、場合によっては情報を半永久的に特定秘密として指定し続けることができるのです。行政機関の長は特定秘密の有効期間の満了前に、歴史公文書以外の文書を廃棄すると決める必要があり（公文書管理法5条5項）、内閣総理大臣の同意があれば廃棄することができます（同法8条2項）。廃棄されると、何が特定秘密であったのかということが永遠にわからなくなります。

私たちの生活の身近にあるかもしれない安全保障情報

ここまで読むと読者の中には、「普通に日常生活を送るぶんには安全保障情報なんて関係ない。そんな重要情報は身近にあるはずない」と思う人がいるかもしれません。では再び室蘭港を例にして考えてみましょう。室蘭港は基本的に商業港ですが、たとえば2004年2月の海上自衛隊の中東派兵の際に輸送船おおすみや護衛艦むらさめの最終出発港として使われたり、空母キティホークなどの米軍の艦船が寄港したりといったことがありました。そうした経験がある以上、今後も同港が自衛隊の海外派兵のために使われる可能性がないとはいえません。軍事や原発などに深く関わる工場もあります。まさに特定秘密の対象とされる防衛に関する事項や特定有害活動の防止に関する事項と、密接な関係がある港なのです。これは室蘭港特有の特徴ではありません。似たような港は日本各地にあります。

特定秘密保護法の施行以来、特定秘密指定を受けた秘密は547件（2018年6月現在）、文書数だと383,788文書（2017年末現在）といわれています（毎日新聞、同上）。多くの特定秘密が存在しているようですが、その具体的な内容は上述のようにわかりません。だからこそ、冒頭で述べたように港の

室蘭港と工場群（撮影：清末）

写真撮影の際にも、「『特定秘密』に関わるものが含まれていないだろうか？」「特定秘密に関わるものを撮影していると疑われないだろうか？」という不安がよぎるのです。

市民やメディア関係者を委縮する処罰規定

　著者を含む市民を不安にさせる大きな要因のひとつは、特定秘密保護法に厳しい罰則が規定されていることでしょう。ここではそのすべてを説明することはできませんので、主なものを2つ紹介します。

　一部の例外的な漏えい行為（23条2項）を除き、特定秘密の取扱者（過去にその業務に従事した者も含まれます）が業務上知りえた特定秘密を漏えいした場合、10年以下の懲役、またはそれに加えて1,000万円以下の罰金が科せられます（23条1項）。この場合、取扱者が特定秘密だとはっきり認識している必要はありません。公になっていない何らかの秘密といった程度の認識をもつ情報の漏えいも含まれます。未遂も処罰対象となります（同条3項）。

なお、取扱者は行政機関の長から指定されたその機関の職員や情報を提供された行政機関の取扱者に限られません。行政機関と契約をしている適合事業者（5条4項で規定されているように、物件の製造や役務の提供を業とし、政令が定める基準に適合するものを指します）が特定秘密を保有したり提供されたりしたときに、その取り扱いを担当する職員も含まれます。すなわち、民間企業などの職員も刑事罰の対象となる取扱者になるのです。現在、行政機関は民間委託を積極的に進めていますので、民間企業の関係者も他人事と考えるわけにはいきません。

　また、取扱者はあらかじめ行政機関の長や警察本部長による適正評価を受け、特定秘密の漏えいのおそれがないと認められた者が務めます（11条）。適正評価では、特定有害活動やテロとの関係、犯罪歴や薬物の濫用、精神疾患の有無、飲酒など個人のプライバシーの侵害を招く項目が調査されることになります（12条2項）。

　外国の利益や自分の不正の利益のために、または国の安全、国民の生命・身体を害する方法として、たとえば、人を欺く行為、暴力や脅迫を用いる行為、施設に侵入する行為、その他特定秘密保有者の管理を害する行為などを通して特定秘密を取得した場合、10年以下の懲役、またはそれに加えて1,000万円以下の罰金が科せられます（24条1項）。未遂も処罰対象となります（同条2項）。その他特定秘密保有者の管理を害する行為というのは、取り締まる側の意思でいかようにも恣意的に範囲を広げることができるため、市民の活動やメディア関係者の取材行為を監視するために利用されかねません（すでにその目的で用いられているかもしれません）。

　さらには、市民による写真撮影を含むさまざまな行為が、その他特定秘密保有者の管理を害して特定情報を取得しようとした、または取得したという容疑をかけられ、実際にその行為者が逮捕・起訴され、裁判で有罪判決を受けたりする事態が生じる可能性もあります。裁判になっても、被告人の弁護士は問題とされた特定秘密が何であるのかを知ることができないため、十分な弁護をすることができません。また、こうして疑われる怖さが市民やメディア関係者の動きを委縮していくことにつながり、結果的に「知る権利」が著しく脅かされることにもなるのです。

（清末）

3-6　安保法制と公文書管理

「アルマジロ」とデンマーク国民の動向

　戦争と「真実」の重要性を示す事例として、ここではヤヌス・メッツ監督の映画『アルマジロ』の例を紹介します。

　2001年の9.11テロ事件以後、アメリカはアフガニスタンを攻撃しました。NATO（北大西洋条約機構）も「集団的自衛権」を行使し、アメリカと一緒に軍事作戦を行いました。デンマークもアフガニスタンに軍隊を派兵しました。デンマーク国民はアフガニスタンへの軍隊派兵について「国際貢献」と積極的に評価していました。

　ところが2010年、アフガニスタンでのデンマーク軍のようすを紹介した『アルマジロ』が公開されると、こうした世論は大きく変わります。『アルマジロ』が公開されることで、デンマーク国民は「国際貢献の現実」を目の当たりにします。つまり、デンマークの若者がアフガニスタン市民を助け、民主的な国づくりに協力しているのではなく、粗暴で野蛮な兵士になって人を殺しているという現実を知ります。『アルマジロ』放映後、デンマークではアフガニスタンへの軍隊派兵をめぐる議論が起こり、デンマーク軍はアフガニスタンから撤退することになりました（2013年4月5日付朝日新聞）。

　『アルマジロ』とデンマーク国民の対応は、「戦争の真実」を知ることと主権者である国民意思との関係を明確に示した事例です。

戦争をめぐる「真実」を知る重要性

　1917年、アメリカのハイラム・ジョンソン上院議員は、「戦争が起これば最初の犠牲者は真実である（The first casualty when war comes is truth）」と述べています。「戦争が起これば最初の犠牲者は真実である」という言葉はその後、第2次世界大戦、ベトナム戦争、湾岸戦争、アメリカのアフガニスタン攻撃、そしてイラク戦争などでも繰り返し紹介されてきました。

自国の軍隊を海外に派兵するかどうかといった、軍事組織に武力行使を命ずる任務に対して主権者である国民が適切な判断をするためには、国民が正しい情報を入手できる環境が必要となります。国民が真実を知るため、そして主権者である国民が自国の軍隊派兵の是非について議論し、適切な判断を下すためには、戦争の場面でこそ「嘘」の情報に惑わされず、真実を知ることが極めて重要になります。そして戦争での真実を知るもっとも重要な情報のひとつ、それが「公文書」となります。

南スーダンへの自衛隊派遣と「日報」をめぐる経緯

　2015年9月19日、安倍政権は、世界中での武力行使を自衛隊の任務とする「安保法制」を成立させました。そして2016年11月、安倍政権は安保法制を根拠に「駆け付け警護」(改正PKO協力法3条5号ラ)と「宿営地の共同防護」(改正PKO協力法25条7項)の任務を命じ、青森の第9師団を南スーダンのジュバに派遣しました。

　ただ、メディアなどでは「ジュバ」が危険な状況にあることが紹介されており、南スーダンへの自衛隊派兵は自衛隊を危険な戦場に送ることになると国会でも問題にされました。

　ところが安倍首相などは、ジュバで生じたのは「戦闘」ではなく「武力衝突」にすぎないので、自衛隊をジュバに派遣することは問題ない旨の答弁をしました。その結果、自衛隊は南スーダンに派遣されました。

　ただ、南スーダン派遣の是非が問題となっている最中、2016年9月30日にジャーナリストの布施祐仁氏は防衛省に対し、南スーダンに派遣された自衛隊の日報の公文書開示請求をしました。「日報」とは、命令を受けて行動する現地の部隊が上級機関に対して行う日々の報告です。この「日報」を見れば、ジュバにいる自衛隊が置かれた状況が明らかになる可能性があります。「日報」は主権者である国民が、ジュバへの自衛隊派遣の是非について判断するには、重要な資料となります。

　ところが12月2日、防衛省から「廃棄した」との回答がなされました。布施氏が「廃棄」という結果をツイッターで発信したところ反響が大きく、河野太郎議員などが再調査を求めました。

　12月26日、統合幕僚幹部に電子データが残っていることが判明しました。

さらには2017年1月27日に稲田防衛大臣にデータの存在が報告され、2月7日には防衛省が日報の存在を公表しました。

元幹部自衛官が明かす理由

　私は今、池田整治さん（元自衛隊陸将補）の、「元幹部自衛官が明かす、自衛隊が日報を隠すに至ったやまれぬ理由」という記事を読んでいます（MAG2NEWS<https://www.mag2.com/p/news/357474>）。その記事によれば、「なぜどの部隊も日々日誌をつけるのでしょうか？」との問いに、「それは、かわいい部下が戦死した時に、その状況をしっかり書き残して戦闘後の名誉（勲章）と補償（遺族年金）を国家に請求するためです」と記されています。さらに「そして、祖国に帰った時に、家族のもとに、遺品とともに国家からの勲章と作戦日誌の一部を持っていき、いかに国のために尽くしてくれたか話して家族に赦してもらう」のだと、その記事で元幹部自衛官は発言しています。

　では、なぜ自衛隊は日誌を廃棄するのか。元幹部自衛官は「政府が『戦闘地域でない』と言えば、破棄しかありません。それを、破棄した自衛隊の責任にしますか？」と述べています。

安保法制と「公文書」

　「安保法制」では、世界中での武力行使が自衛隊の任務とされました。しかも南スーダンへの自衛隊派遣や、2018年9月に報道された、シナイ半島への自衛隊派遣検討の事例のように、日本の平和と安全には何の関係もありません。こうした自衛隊派遣を本当にするのか、派遣される地域は本当に安全なのか、自衛官の安全を確保できるのかを主権者である私たちが慎重に議論・判断する必要があります。

　そのためには、南スーダンに派遣された自衛隊の日報が適切に提供されることが必要でした。たとえば2016年7月の南スーダンに派遣された自衛隊の日報には、ジュバの状況に関して「戦闘」という言葉が何度も使われていました。現場にいる自衛隊の日報でジュバに「戦闘」という記載があったことが広く知られていれば、安倍首相や稲田防衛大臣も「ジュバに戦闘はない」などとは言えなかったかもしれません。ジュバに自衛隊を派遣すると

いう決定もできなかったかもしれません。

　先の元幹部自衛官の記事では、「ツケは現場の隊員が払わされます」と記されています。安保法制では、日本の防衛に関係のない武力行使のために自衛隊が世界中に派遣される可能性があります。一部の政治家の判断で危険な戦場に自衛官を派遣させないため、そして自衛官の生命と安全を守るため、「日報」などの公文書が適切に管理され、主権者である国民が安保法制を根拠とする自衛隊派遣の是非についても真摯な議論と監視をする必要があります。

（飯島）

3-7　自民党改憲案と公文書管理

憲法に「知る権利」はありませんが

　公文書の隠蔽・改竄・廃棄・非記録化は、まさに主権者国民の知る権利を侵害しているといえます。ところで、この「知る権利」。憲法のどこにも書かれていません。憲法に明記されていないから、保障しなくてもよい、となるのでしょうか。

　いえ、そうではありません。憲法自体は歴史的産物なので、制定当時の考え・必要性から条文内容が決まっていきます。日本国憲法であれば、1946年の制定当時に知る権利保障の必要性を感じていなかったので、規定されなかったことはやむをえないでしょう。

　しかし、歴史の発展とともに憲法制定当時はさほど必要性のなかった、あるいは想定できなかった知る権利や名誉権、プライバシー権、自己決定権、環境権などさまざまな権利問題が出てきます。条文で明示された個別的人権（たとえば、憲法20条の信教の自由や憲法21条の表現の自由など）以外に不可欠な権利・自由が出てくるし、そうなると条文化されている権利・自由だけでは網羅できなくなります。

　そこで、既存の憲法の規定をこういった「新しい権利」の根拠規定にするのです。たとえば、名誉権やプライバシー権、自己決定権は、憲法13条の「生命、自由及び幸福追求に対する国民の権利」に含まれると考えるのです（この文言が抽象的で、幅のある概念なので）。知る権利の場合は、表現の自由を保障した憲法21条から保障されると憲法学界では理解されています。なぜなら、何かを表現するには知らないとできないからです。

自民党改憲案では「知る権利」が保障されていると言いますが

　ところで、自民党は2012年に「日本国憲法改正草案」という全面的な改憲案を発表しました。実はこの中で、自民党が言うところの「新しい人権」

がいくつか規定されていて、「知る権利」もそのうちのひとつとして入っているのです。

それは21条の2で、「国は、国政上の行為につき国民に説明する責務を負う」としています。自民党はこの改憲案を説明する『日本国憲法改正草案Q&A〔増補版〕』で、これを「新しい人権」のひとつとして捉え、「国の情報を、適切に、分かりやすく国民に説明しなければならないという責務を国に負わせ、国民の『知る権利』の保障に資することとしました」と説明しています（15頁）。

しかし、一方で「……国を主語とした人権規定としています。これらの人権は、まだ個人の法律上の権利として主張するには熟していないことから、まず国の側の責務として規定することとしました」とも言っています。すなわち、はっきりと誰の権利と書いているわけではありませんから、行政の場でも裁判の場でも実際に使える権利にはなっていません。歴代の自民党政権は、前文の平和的生存権や25条の生存権など憲法にはっきりと「権利」と明示された権利でさえ十分保障してこなかったわけですから、この「知る権利」も本気で保障する気はなく、改憲の正当化に利用される可能性があります。

自民党改憲案では人権制約原理も変更

また、「日本国憲法改正草案」では、日本国憲法12条や13条などに出てくる人権制約原理の文言である「公共の福祉」を、「公益及び公の秩序」に変えています（これは、自民党が2005年に発表した全面的改憲案である「新憲法草案」のときからのことです）。たしかに、「公共」という言葉は誤解を招きやすいもので、「公共」を「国家」と同視して、国家の論理で国民の権利・自由を制約する概念と考える人がいるかもしれません。戦後当初の学説や最高裁の判決には、そのような解釈の仕方もありました。

しかし、その後、この解釈ではダメだという考えが強くなっていきます。まず、「公共の福祉」を条文で明記していなくてもすべての人権に内在していると考え、人権と人権が衝突した場合の調整原理と考える学説が憲法学界では多数説になっていくのです。たとえば、憲法21条で表現の自由が保障されていますが、野放しの表現の自由は許されず、他人のプライバシー

や名誉を傷つける表現は制約されます。「公共の福祉」は英語だと public welfare のことですが、public の名詞形には「人びと」「民衆」の意味があるように、「公共の福祉」に「社会的利益」の意味があるとしても、「国家的利益」の意味はないのです。

「国家の安全」のために人権を制限することに

　自民党の言う「公益及び公の秩序」という表現もわかりづらいですが、先ほどの『Q&A』では、「『公の秩序』とは『社会秩序』のこと」だと説明しています（14頁）。2005年の自民党新憲法起草委員会各小委員会要綱では、「国家の安全と社会秩序」と表現していました。後者がより自民党の本音に近いでしょう。だからたとえば、2013年に秘密保護法が議論になっていたとき、自民党の同法案検討プロジェクトチーム座長の町村信孝氏は、「知る権利が国家や国民の安全に優先しますという考え方は基本的な間違いがある」と発言しています（2013年11月8日第185回国会衆議院国家安全保障に関する特別委員会）。

　さらに、「日本国憲法改正草案」12条には、「自由及び権利には責任及び義務が伴うことを自覚し」という言葉まで付け加えられています。これと「公益及び公の秩序に反してはならない」という言葉が結びつくことで、今後は「公」・国家の論理により人権の制約を簡単にやっていきますよということになるのです。

　これを公文書管理の問題に当てはめて考えれば、「国家の安全」が優先する場合は、国民の知る権利があるとしても、時と場合によっては公文書を国家の論理で廃棄や非記録化してもよい、憲法上問題ないということになってしまいます。このように、国家の論理で憲法上人権制限を正当化する自民党の改憲案を成立させてもいいのでしょうか。

（清水雅彦）

3-8 「改憲4項目」と公文書管理

「改憲4項目」とは

　2017年5月3日の憲法記念日、都内で開催されたある改憲派の集会に、安倍晋三首相（自民党総裁）のビデオメッセージが寄せられました。その中で安倍首相は「私たちの世代のうちに、自衛隊の存在を憲法上にしっかりと位置づけ、『自衛隊が違憲かもしれない』などの議論が生まれる余地をなくすべきである」と説き、憲法9条の1項と2項は残したうえで自衛隊を明記する「9条改正」を行い、2020年までに施行したいとの意向を示しました。

　その後、この「9条改正」は、かねてから安倍首相の意向に沿うかたちで自民党憲法改正推進本部において優先的改憲項目として挙げられていた「緊急事態条項」「教育の充実化」「地方自治制度改革・参院合区解消」の3項目と合わせて、俗に「改憲4項目」と称されるようになります。そして、2018年3月25日、自民党大会において、「戦力不保持・交戦権否認」を定める9条2項削除を主張する石破茂元幹事長ら党内の異論を強引に押さえつけるかたちで、憲法改正推進本部がまとめた改憲案の「条文イメージ・たたき台素案」が報告され、この「改憲4項目」が党の方針として採択されるに至るのです。

　ところで、自民党が発表した改憲案としては、野党時代の2012年4月に発表された「日本国憲法改正草案」があります。しかし、これは当時の民主党・野田佳彦政権への対抗意識の下に、「国防軍の創設」「天皇の国家元首化」いわゆる「家族条項」などが盛り込まれた、極めて復古主義的色彩が強いものです。それゆえ、この改憲案では野党はおろか連立政権のパートナーである公明党の同意を取りつけることすら難しく、なによりも多くの国民の支持を得る見通しが立たないため、2016年頃から自民党内では、この改憲案はいったん「棚上げ」あるいは「封印」すべしとの意見が強まっていました。

　その「棚上げ」された2012年の改憲案に代わって登場したのが、この「改

憲4項目」です。その背景には、公明党と野党、とりわけ国政においては事実上与党の補完勢力に成り下がった日本維新の会の賛同を得やすく、また国民を説得しやすいだろうという安倍首相およびその周辺の思惑があります。その意味では、「内容は二の次、とにかく改憲」というホンネがあからさまに現れている、政党としてはあまりにも低い志に基づく改憲案であるといえます。しかも、現下の政治状況にかんがみると、この妥協的な改憲案でさえこのまま国会に提出される可能性は高くありません。しかし、2019年4月現在において改憲を具体的に論じる際、第一に参照すべきテキストがこの「改憲4項目」であることは確かです。

では、もし現在日本の政治を揺るがしている、「南スーダンPKO日報隠蔽」などの一連の公文書問題が是正されないままこの4項目の改憲が実現した場合、この国の政治や社会にはどのような影響が及ぶと予想されるでしょうか。本稿ではそのことについて考えてみます。ところで、この「改憲4項目」中とりわけ公文書問題に関わると予想されるのは、「9条改正」と「緊急事態条項」の2項目です。それゆえここでは、この2項目に関わる9条の2、64条の2および73条の2の3か条に絞って検討したいと思います。

「9条改正」と公文書問題

> 9条の2
> ①　前条の規定は、我が国の平和と独立を守り、国及び国民の安全を保つために必要な自衛の措置をとることを妨げず、そのための実力組織として、法律の定めるところにより、内閣の首長たる内閣総理大臣を最高の指揮監督者とする自衛隊を保持する。
> ②　自衛隊の行動は、法律の定めるところにより、国会の承認その他の統制に服する。

では、まず「9条改正」から見ていきましょう。かねてから安倍首相は、この改正は現に存在する自衛隊をそのまま明文上規定するだけであり、なんら現状を変更するものではない、と言明しています。本当にそうなのでしょうか。

自衛隊が憲法において明文化されるということは、自衛隊という実力組織が憲法上の機関になることを意味します。現在、内閣以外でその存在が憲法において明文規定されている行政機関は、内閣から高度の独立性が保障されている会計検査院のみです（90条）。したがって、自衛隊の憲法明文規定化は、その「権威」を大いに高めることにつながりえます。

　他方、自衛隊をコントロールする文民機関としての防衛省は、憲法上明文規定されているわけではありません。つまり、もしこの「9条改正」が実現すると、憲法上の機関たる自衛隊は法律で廃止されなくなる一方で、防衛省は法律レベル（防衛省設置法）で改廃される存在のままということになるのです。この「逆転現象」がシビリアン・コントロールの理念に及ぼすであろう影響は、決して軽視できるものではありません。

　そして、そのような高い「権威」に付随して、より「高度の公共性、公益性」（第4次厚木基地騒音訴訟・最高裁2016〔平成28〕年12月8日判決）をも認められた自衛隊が、憲法によって保障される基本的人権に対する制約原理となる可能性も否定できません。具体的には、憲法上の機関たる自衛隊の行動については、取材・報道の自由が現状以上に制限され、それに関する公文書へのアクセスも制限されることが懸念されるということです。

　そして、その懸念を払拭するには、現在憲法に規定されている「議院の国政調査権」（62条）、あるいは「内閣総理大臣の職務権限」としての一般的な「国務及び外交関係」に関する国会への報告（72条）に関する諸規定だけでは不十分であるように思われます。

　それにもかかわらず、この「9条改正」を見るかぎり、憲法上の機関となる自衛隊の活動に関する国民への報告義務、あるいはそれを担保する制度上の配慮（たとえば、自衛隊の活動に対する国会、とりわけ野党会派の調査権限の強化など）がまったく欠けているのです。あるのは、ただ「自衛隊の行動は、法律の定めるところにより、国会の承認その他の統制に服する」というあっさりした一文のみです。肝心な部分は「法律の定めるところにより」というフレーズで法律に丸投げされ、「国会の承認」といった立法権のコントロールについても、それが事前なのか事後なのかという決定的に重要な点も含め、具体的な内容はまったく書かれていません。これで自衛隊の活動に対する有効な監視は可能なのでしょうか。

今でさえ「南スーダン PKO 日報隠蔽」のように、防衛省による重要な公文書隠しが起きています。そこに、さらにこのような「9 条改正」が現実化したら、その公文書への国民のアクセスはいっそう困難となることが容易に予想されるのです。

「緊急事態条項」と公文書問題

> 64 条の 2
> 大地震その他の異常かつ大規模な災害により、衆議院議員の総選挙又は参議院議員の通常選挙の適正な実施が困難であると認めるときは、国会は、法律で定めるところにより、各議院の出席議員の 3 分の 2 以上の多数で、その任期の特例を定めることができる。

> 73 条の 2
> ①　大地震その他の異常かつ大規模な災害により、国会による法律の制定を待ついとまがないと認める特別な事情があるときは、内閣は、法律で定めるところにより、国民の生命、身体及び財産を保護するため、政令を制定することができる。
> ②　内閣は、前項の政令を制定したときは、法律で定めるところにより、速やかに国会の承認を求めなければならない。

　続いて、緊急事態条項について見てみましょう。
　まず、64 条の 2 によると「大地震その他の異常かつ大規模な災害により、衆議院議員の総選挙又は参議院議員の通常選挙の適正な実施が困難であると認めるとき」、国会はその任期の特例を定める、つまりその任期を延長し、選挙を延期できるとされています。国会議員の選挙は、いうまでもなく国民がその主権を行使するもっとも重要な契機です。それが、「各議院の出席（「総」ではない点に注意）議員の 3 分の 2 以上の多数」、すなわち現在の衆参各議院における各会派の勢力図にかんがみるならば、与党議員の賛成のみでその実施の延期が可能とされているのです。
　そこには、現代の民主主義国家における議院内閣制の制度設計に際して

重視すべきとされる少数会派への配慮がまったく見られません。公文書問題以前に、国会という場においてその「特例」の是非を実質的に検証することが想定されていないのです。

　より大きな問題を抱えるのは、73条の2です。それによると、「大地震その他の異常かつ大規模な災害により、国会による法律の制定を待ついとまがないと認める特別な事情があるとき」内閣は政令を定めることができるとされています。ここで気になるのは、内閣（行政権）がそのような「特別な事情」を認定するに至るプロセスに対する国会（立法権）および裁判所（司法権）の関与について、まったく規定がないことです。

　もっとも、その際は「速やかに国会の承認を求めなければならない」と定められてはいます。しかし、その国会の承認が得られなかった場合その政令の効力はどうなるのか、まったく言及されていません。加えて、その事後承認の期限も明示されていないため、たとえば法律で「1年以内」と定めれば、内閣は1年間にわたり事実上立法権を簒奪できるということになります。今回の公文書問題が是正されないままこのような権限を政府に与えることの恐ろしさは、言わずもがなだと思います。

　そもそも、東日本大震災（2011年3月）や熊本地震（2016年4月）のような大規模な自然災害から私たちが得た教訓は、その際に必要とされるのは中央政府ではなく現場の地方自治体の的確な判断と迅速な行動であり、なによりも日頃の準備である、というものです。それにもかかわらず、自治体ではなく中央政府に権力を集中させる緊急事態条項を憲法に挿入することが適切なのか、私たちは冷静に考える必要があります。

　さらに、自然災害のみならず「有事」におけるメディアの報道を萎縮させかねないものとして、2013年12月に強行採決によって成立した特定秘密保護法がすでに存在しています。もし憲法に緊急事態条項が挿入されたならば、それは特定秘密保護法と相まって国民の知る権利をいっそう制約し、今以上に公文書にアクセスする権利を阻害するおそれがあります。少なくとも現在の公文書問題が是正されないままこのような改憲が実現するならば、それは大きな禍根を残すといわざるをえません（特定秘密保護法に関しては3-5参照）。

今日の沖縄が映し出す明日の日本

　もちろん、本章で論じたことの多くは仮定の話です。しかし、その蓋然性は決して低いものではありません。というのも、すでにこの「改憲4項目」を先取りしているような状況が沖縄において現出しているからです。

　たとえば2016年8月、地元で激しい反対運動が続いているにもかかわらず、米軍ヘリパッド建設が強行された沖縄県東村・高江では、取材にあたっていた琉球新報と沖縄タイムスの地元2紙の記者が機動隊によって一時的に身柄拘束されるという出来事がありました。

　また、2004年8月、沖縄県宜野湾市に所在する沖縄国際大学のキャンパスに米軍ヘリが墜落するという事故が起きたとき、やはり現場を取材していたテレビ局が撮影テープを米兵に取り上げられそうになったこともありました。そもそもこの米軍ヘリ墜落事故では、メディアどころか日本の警察さえ事故現場に近づけなかったのです。

　米軍によって現場に取材規制が敷かれるという異常事態は、2016年12月に沖縄県名護市の海岸に米軍機オスプレイが墜落したときにも繰り返されました。沖縄県は、紛うことなき日本国の主権が及ぶ日本国の領土であるにもかかわらず、米軍が起こす事件・事故については一貫して治外法権的な状況に置かれ続けているのです。

　このように、現行憲法下においてでさえ沖縄では、「軍の論理」の下に国民の知る権利が大きく制限されています。このような状況で「改憲4項目」が実現したら、どのような事態が招来されるでしょうか。思うに、憲法改正による自衛隊明記と緊急事態条項の挿入は、現在は憲法の外にある「軍の論理」が憲法の中に堂々と入ってくることを意味します。言い換えるならば、現在は「例外的」とされている「軍の論理」が憲法秩序に組み込まれ、「常態化」するということなのです。そうなると、憲法が保障する表現の自由、そしてそこから導き出される取材・報道の自由はより制限されやすくなることでしょう。それは、国民の公文書にアクセスする権利が大きく後退することと同義なのです。

（石川裕一郎）

第4部

求められる
公文書管理制度

4　どんな公文書管理体制が必要なのでしょうか？

憲法原理に適った管理体制

　ここまで本書を読んでいただくと、読者のみなさんは「ずさんな公文書管理は、多くの人権侵害を生むことにつながることがわかった。では、人権侵害をなくすために、現在の公文書管理体制をどう変えたらいいのだろうか？」という疑問をおもちになったかもしれません。そこで、まとめにあたる本稿では、編者全員で検討した現行の公文書管理体制の改善策を提言したいと思います。

　各論に入る前に、先に言っておかなければならないことがあります。憲法尊重擁護義務が課せられている公務員は、公文書の作成・管理・保存・利用にあたる際に憲法の三大原理（基本的人権の尊重、国民主権、平和主義）に沿った運用をしなければならない、という大前提です。そもそもこれまでにそうした運用がなされていれば、本書で示したような公文書の改竄・隠蔽問題は生じなかったでしょう。

　また、憲法62条が衆参両議院に国政調査権を付与している点に着目すると、たとえば、行政文書であれば、行政機関がその第一義的な保存機関となると考えるのではなく、国民の代表である立法機関の国会こそがすべての公文書を保存・管理する第一義的な機関と解釈することもできるのではないでしょうか。行政文書以外の公文書についても同様です。むしろ、こうした考え方のほうが憲法原理に適っているといえるかもしれません。

基本法の制定と個別法の改正

　公文書の適切な作成・保存・管理・利用を徹底するためには、すでにある情報公開法や公文書管理法といった個別法の改正が必要であることはいうまでもありません。しかし、これらの改正だけでは不十分です。法文上に「知る権利」を基本原則として明示した、情報公開と公文書の作成・管理・

保存・利用にかかる総合的な基本法を制定する必要があります。また、基本法はすべての情報の公開を前提につくられなければなりません。基本法と個別法の双方があると、公的機関の公正な運用を図るための法制度をより確実に担保することができるようになるでしょう。

　個別法に関していうと、実際の運用が各省の管理規則などの"内部規定"に従ってなされてきた状況をみるかぎり、その立法目的が十分に活かされているとはいえません。情報公開法（行政機関情報公開法）は、政府が施行から４年を目途に施行状況や情報公開訴訟の管轄のあり方などを検討し、必要な措置を講ずるとしています（附則２）。また公文書管理法も、政府が施行から５年を目途に施行状況や行政文書・法人文書の範囲などを検討し、必要な措置を講ずるとしています（附則13条１項）。しかし、残念ながらこれまでのところ、政府による定期的見直しはきちんとなされてきませんでした。

　したがって、これらの個別法の施行状況などを直ちに検討すること、また、その結果に基づき、解釈の幅を残さないようにするためなどの改正が求められます。その改正作業は、公文書管理法案の国会審議時に衆参両議院でなされた附帯決議、とりわけ参議院附帯決議の内容に沿って行われることが重要です（本書の最後に参議院附帯決議の全文を資料のひとつとして収録しています）。

　公文書管理法の具体的な改正ポイントを示します。まず立法目的の中に、公文書の改竄や隠蔽により人権侵害が起きた経緯があること、それにより人の生命を奪いかねない状況が生じてきたことを明記することが必要です。次のポイントは、同法の行政文書の定義（２条４項）を捉え直し、①個人メモなどを含む職務上に関わるものをすべて公文書とすること、②記録を必ず作成し（個人メモの不作成を認めないことも含む）、保存する義務を課すこと、および③適正な公文書（議事録や個人メモなどを含む）の作成・保存・管理・利用の方法を具体的に定めることです。

　加えて、公文書管理法がすべての公的機関に適用されるようにするために、同法２条などを大幅に改正しなければなりません。また、それらの機関すべて（とくに首相をはじめとする内閣）に対するチェック機関としての第三者機関の設置とその委員の公正な選び方についての規定も置かなければなりません。保存期間が過ぎた公文書（１年未満のものも含む）についても、第

三者機関または住民や国民が廃棄前にそれが正当か否かをチェックできるしくみをつくらなければならないでしょう。

　情報公開法についてですが、5条から9条を改正し、情報公開の請求がなされたら、人権侵害につながりかねない一部の例外的事案を除き、原則として完全公開（黒塗りなどもしない）する義務を強化しなければなりません。実務面ではより専門的に情報を扱うことができるスタッフ（公文書館のスタッフを含む）を拡充し、開示の迅速化を図るための予算を確保することが求められます。また、国民（市民）がカジュアルに情報開示請求できるよう、開示手続の簡略化を進めるべきでしょう。さらには情報が国民のものである以上、手数料の無料化も検討すべきです。

責任者の処罰——改竄・隠蔽体質の根絶に向けて

　「国会審議やメディアの報道などを通して、公文書の改竄や隠蔽が明らかになったにもかかわらず、直接的にその行為を行った者だけが責任を問われるのはおかしい」。そうした声を頻繁に耳にします。そのとおりです。直接的に実行したり、部下に指示を出したりした者だけでなく、上層部を刑事処罰の対象になるように公文書管理法を改正しなければなりません。いわゆる「末端部」にいる者だけが切られるといったことがないようにしなければ、上層部は責任逃れに終始するだけです。それだけでなく、上層部のお咎めなし状態が、次の改竄や隠蔽を生むことにもつながります。当該機関には説明責任が求められるという意味においても、責任の最終段階として上層部の刑事責任が問われることには大きな意義があります。

　上層部の刑事責任を問う体制が整えば、これまで頻繁にみられたように「記憶にありません」と答弁するような事態は通らなくなります。また、上層部が記憶にないと主張し続けるのであれば、刑事裁判のようにそれを裏づけるだけの補強証拠を記録として提出させる方法もあるでしょう。その者がそれを提出できない場合、または提出した記録により主張の正当性を合理的に立証できない場合には、責任が問われるようにすればいいのです。

おわりに

　公文書がしっかり保存・管理されていると、公権力にとっても自らが適

切な運用をしてきたことを証明する証拠となり、国民からの信頼が大きく増すはずです。

　一方、国民の側も一人ひとりが「情報はわたしたちの共有物」という意識をもち、情報の管理・保存・利用の恣意的運用を許さないようにすると、公権力に対する監視の力を高めることができます。国民のこうした意識を醸成するためには、情報が国民のものであること、またそうであるからこそ国民には情報へのアクセスが認められることを、明確に伝える教育が必要不可欠です。また同様の趣旨の社会的キャンペーンの展開と継続もそのための有効な手段となるでしょう。

　本書がそうしたキャンペーンの一端を担うことができれば幸いです。

（清末）

参考文献等

*本文中に記載があるものを除く

アイリーン・ウェルサム著・渡辺正訳『プルトニウムファイル－いま明かされる放射能人体実験の全貌』(翔泳社、2013年)
浅野一郎編『国会入門－あるべき議会政治を求めて』(信山社、2003年)
芦部信喜(高橋和之補訂)『憲法〔第7版〕』(岩波書店、2019年)
安藤正人・久保亨・吉田裕編『歴史学が問う公文書の管理と情報公開－特定秘密保護法下の課題』(大月書店、2015年)
石原一則「アーカイブ専門職について－学会登録アーキビスト施行2年」情報の科学と技術65巻2号(2015年)
宇賀克也『逐条解説　公文書等の管理に関する法律〔第3版〕』(第一法規、2015年)
宇賀克也『新・情報公開法の逐条解説〔第7版〕－行政機関情報公開法・独立行政法人等情報公開法』(有斐閣、2016年)
右崎正博・三宅弘編『情報公開を進めるための公文書管理法解説』(日本評論社、2011年)
宇都宮健児・堀敏明・足立昌勝・林克明『秘密保護法－社会はどう変わるのか』(集英社、2014年)
大山礼子『日本の国会－審議する立法府へ』(岩波書店、2011年)
岡本信一・植草泰彦『ガイドライン完全対応！　改訂 Q&A 公文書管理法』(ぎょうせい、2011年)
岡本三彦「自治体の政策過程における住民投票」会計検査院研究45号(2012年)
小原由美子「国立公文書館の現状と課題－国の公文書等の移管制度を中心に」情報管理48巻12号(2006年)
会計検査院130年史編集事務局編『会計検査院百三十年史』(会計検査院、2010年)
笠原十九司・吉田裕編『現代歴史学と南京事件』(柏書房、2006年)
学習院大学人文科学研究科アーカイブズ学専攻ウェブサイト「専攻紹介」<http://www.gakushuin.ac.jp/univ/g-hum/arch/02senkou.html>
上脇博之『内閣官房長官の裏金－機密費の扉をこじ開けた4183日の闘い』(日本機関紙出版センター、2018年)
清末愛砂・松本ますみ編『北海道で生きるということ－過去・現在・未来』(法律文化社、2016年)
清末愛砂・飯島滋明・石川裕一郎・榎澤幸広編著『緊急事態条項で暮らし・社会はどうなるか－「お試し改憲」を許すな』(現代人文社、2017年)
清末愛砂・石川裕一郎・飯島滋明・池田賢太編著『自民党改憲案にどう向きあうか』(現代人文社、2018年)
「旧優性保護法を問うシリーズ」毎日新聞(2017年7月27日から新聞紙上で不定期連載)
久保亨・瀬畑源『国家と秘密－隠される公文書』(集英社、2014年)
桑原英明「地方自治体における公文書管理の課題」中部経済新聞(2018年8月1日付)
具志堅浩二「日本のアイデンティティー、民主主義のインフラ『国立公文書館』の役割」

THE PAGE（2018 年 9 月 12 日付）<https://headlines.yahoo.co.jp/hl?a=20180912-00000002-wordleaf-soci>

小磯修二・村上裕一・山崎幹根『地方創生を超えて－これからの地域政策』（岩波書店、2018 年）

「公文書クライシスシリーズ」毎日新聞（2018 年 1 月 15 日から新聞紙上で不定期連載）

国立公文書館ウェブサイト <http://www.archives.go.jp/>

清水雅彦『憲法を変えて「戦争のボタン」を押しますか？－「自民党憲法改正草案」の問題点』（高文研、2013 年）

自由法曹団・秘密保護法プロジェクト編『これが秘密保護法だ　全条文徹底批判－廃止へ！市民のための必携読本』（合同出版、2014 年）

自由民主党『日本国憲法改正草案』（2012 年）<https://jimin.jp-east-2.storage.api.nifcloud.com/pdf/news/policy/130250_1.pdf>

自由民主党憲法改正推進本部『日本国憲法改正草案 Q&A〔増補版〕』（2013 年）<https://jimin.jp-east-2.storage.api.nifcloud.com/pdf/pamphlet/kenpou_qa.pdf>

杉本裕明『社会を変えた情報公開－ドキュメント・市民オンブズマン』（花伝社、2016 年）

瀬畑源『公文書をつかう－公文書管理制度と歴史研究』（青弓社、2011 年）

瀬畑源「公文書管理と日本人」時の法令 2000 号（2016 年～、以後定期連載）

瀬畑源『公文書問題－日本の「闇」の核心』（集英社、2018 年）

辻村みよ子『憲法〔第 6 版〕』（日本評論社、2018 年）

東京都『「東京と地方が共に栄える、真の地方創生」の実現を目指して－東京都総合戦略』（2015 年）<https://www.seisakukikaku.metro.tokyo.jp/basic-plan/tokyo-senryaku/pdf/honbunzentai.pdf>

「統計不信シリーズ」『日本経済新聞』（2019 年 1 月 16 日から新聞紙上で不定期連載）

仲本和彦『研究者のためのアメリカ国立公文書館徹底ガイド』（凱風社、2008 年）

長澤孝三『幕府のふみくら－内閣文庫のはなし』（吉川弘文館、2012 年）

播磨信義・上脇博之・木下智史・脇田吉隆・渡辺洋編『新・どうなっている⁉ 日本国憲法－憲法と社会を考える〔第 3 版〕』（法律文化社、2016 年）

藤原静雄・七條浩二『条文解説（ミニコンメンタール）公文書管理法－行政情報二法のポイントとともに』（有斐閣、2013 年）

布施祐仁・三浦英之『日報隠蔽－南スーダンで自衛隊は何を見たのか』（集英社、2018 年）

松岡資明『公文書問題と日本の病理』（平凡社、2018 年）

松村亨『自治体職員のための情報公開事務ハンドブック』（第一法規、2016 年）

三木由希子「情報公開クリアリングハウス」時の法令 2047 号（2018 年～、以後定期連載）

向大野新治『議会学』（吉田書店、2018 年）

歴史人類学会編『国民国家とアーカイブズ』（日本図書センター、1999 年）

「特集：公文書とリアル」現代思想 2018 年 6 月号

National Archives and Records Administration, *Preserving the Past to Protect the Future: Performance and Accountability Report, FY2012*, https://www.archives.gov/files/about/plans-reports/performance-accountability/2012/parcomplete.pdf

【本書に関連する映像資料】
『アルマジロ−アフガン戦争最前線基地』(ヤヌス・メッツ監督、デンマーク、2010 年)
『1984』(マイケル・ラドフォード監督、イギリス、1984 年)
『運命の人』(脚本：橋本裕志、TBS、2012 年)
『大統領の陰謀』(アラン・J・パクラ監督、アメリカ、1976 年)
『シチズンフォー−スノーデンの暴露』(ローラ・ポイトラス監督、アメリカ・ドイツ、2014 年)
『スノーデン』(オリバー・ストーン監督、アメリカ・ドイツ・フランス、2016 年)
『ペンタゴン・ペーパーズ−最高機密文書』(スティーブン・スピルバーグ監督、アメリカ、2017 年)

公文書、情報公開についての重要法令等の条文(抜粋)

日本国憲法
前文（一部抜粋）
日本国民は、正当に選挙された国会における代表者を通じて行動し、われらとわれらの子孫のために、諸国民との協和による成果と、わが国全土にわたつて自由のもたらす恵沢を確保し、政府の行為によつて再び戦争の惨禍が起ることのないやうにすることを決意し、ここに主権が国民に存することを宣言し、この憲法を確定する。そもそも国政は、国民の厳粛な信託によるものであつて、その権威は国民に由来し、その権力は国民の代表者がこれを行使し、その福利は国民がこれを享受する。これは人類普遍の原理であり、この憲法は、かかる原理に基くものである。われらは、これに反する一切の憲法、法令及び詔勅を排除する。

第19条　思想及び良心の自由は、これを侵してはならない。

第21条　集会、結社及び言論、出版その他一切の表現の自由は、これを保障する。
　　2　検閲は、これをしてはならない。通信の秘密は、これを侵してはならない。

第41条　国会は、国権の最高機関であつて、国の唯一の立法機関である。

第62条　両議院は、各々国政に関する調査を行ひ、これに関して、証人の出頭及び証言並びに記録の提出を要求することができる。

第94条　地方公共団体は、その財産を管理し、事務を処理し、及び行政を執行する権能を有し、法律の範囲内で条例を制定することができる。

公文書の管理に関する法律(公文書管理法)
第1章　総則
（目的）
第1条　この法律は、国及び独立行政法人等の諸活動や歴史的事実の記録である公文書等が、健全な民主主義の根幹を支える国民共有の知的資源として、主権者である国民が主体的に利用し得るものであることにかんがみ、国民主権の理念にのっとり、公文書等の管理に関する基本的事項を定めること等により、行政文書等の適正な管理、歴史公文書等の適切な保存及び利用等を図り、もって行政が適正かつ効率的に運営されるようにするとともに、国及び独立行政法人等の有するその諸活動を現在及び将来の国民に説明する責務が全うされるようにすることを目的とする。

第2章　行政文書の管理
第1節　文書の作成
第4条　行政機関の職員は、第1条の目的の達成に資するため、当該行政機関における経緯も含めた意思決定に至る過程並びに当該行政機関の事務及び事業の実績を合理的に跡付け、又は検証することができるよう、処理に係る事案が軽微なものである場合を除き、次に掲げる事項その他の事項について、文書を作成しなければならない。
　一　法令の制定又は改廃及びその経緯
　二　前号に定めるもののほか、閣議、関係行政機関の長で構成される会議又は省議（これらに準ずるものを含む。）の決定又は了解及びその経緯
　三　複数の行政機関による申合せ又は他の行政機関若しくは地方公共団体に対して示す基準の設定及びその経緯
　四　個人又は法人の権利義務の得喪及びその経緯
　五　職員の人事に関する事項
第2節　行政文書の整理等
（整理）
第5条　行政機関の職員が行政文書を作成し、又は取得したときは、当該行政機関の長は、政令で定めるところにより、当該行政文書について分類し、名称を付するとともに、保存期間及び保存期間の満了する日を設定しなければならない。
　2　行政機関の長は、能率的な事務又は事業の処理及び行政文書の適切な保存に資するよう、単独で管理することが適当であると認める行政文書を除き、適時に、相互に密接な関連を有する行政文書（保存期間を同じくすることが適当であるものに限る。）を一の集合物（以下「行政文書ファイル」という。）にまとめなければならない。
　3　前項の場合において、行政機関の長は、政令で定めるところにより、当該行政文書ファイルについて分類し、名称を付するとともに、保存期間及び保存期間の満了する日を設定しなければならない。
　4　行政機関の長は、第一項及び前項の規定により設定した保存期間及び保存期間の満了する日を、政令で定めるところにより、延長することができる。
　5　行政機関の長は、行政文書ファイル及び単独で管理している行政文書（以下「行政文書ファイル等」という。）について、保存期間（延長された場合にあっては、延長後の保存期間。以下同じ。）の満了前のできる限り早い時期に、保存期間が満了したときの措置として、歴史公文書等に該当するものにあっては政令で定めるところにより国立公文書館等への移管の措置を、それ以外のものにあっては廃棄の措置をとるべきことを定めなければならない。
（保存）
第6条　行政機関の長は、行政文書ファイル等について、当該行政文書ファイル等の保存期間の満了する日までの間、その内容、時の経過、利用の状況等に応じ、適切な保存及び利用を確保するために必要な場所において、適切な記録媒体によ

り、識別を容易にするための措置を講じた上で保存しなければならない。
　2　前項の場合において、行政機関の長は、当該行政文書ファイル等の集中管理の推進に努めなければならない。

（行政文書ファイル管理簿）
第7条　行政機関の長は、行政文書ファイル等の管理を適切に行うため、政令で定めるところにより、行政文書ファイル等の分類、名称、保存期間、保存期間の満了する日、保存期間が満了したときの措置及び保存場所その他の必要な事項（行政機関の保有する情報の公開に関する法律（平成十一年法律第42号。以下「行政機関情報公開法」という。）第五条に規定する不開示情報に該当するものを除く。）を帳簿（以下「行政文書ファイル管理簿」という。）に記載しなければならない。ただし、政令で定める期間未満の保存期間が設定された行政文書ファイル等については、この限りでない。
　2　行政機関の長は、行政文書ファイル管理簿について、政令で定めるところにより、当該行政機関の事務所に備えて一般の閲覧に供するとともに、電子情報処理組織を使用する方法その他の情報通信の技術を利用する方法により公表しなければならない。

（移管又は廃棄）
第8条　行政機関の長は、保存期間が満了した行政文書ファイル等について、第五条第五項の規定による定めに基づき、国立公文書館等に移管し、又は廃棄しなければならない。
　2　行政機関（会計検査院を除く。以下この項、第4項、次条第3項、第10条第3項、第30条及び第31条において同じ。）の長は、前項の規定により、保存期間が満了した行政文書ファイル等を廃棄しようとするときは、あらかじめ、内閣総理大臣に協議し、その同意を得なければならない。この場合において、内閣総理大臣の同意が得られないときは、当該行政機関の長は、当該行政文書ファイル等について、新たに保存期間及び保存期間の満了する日を設定しなければならない。
　3　行政機関の長は、第1項の規定により国立公文書館等に移管する行政文書ファイル等について、第16条第1項第1号に掲げる場合に該当するものとして国立公文書館等において利用の制限を行うことが適切であると認める場合には、その旨の意見を付さなければならない。
　4　内閣総理大臣は、行政文書ファイル等について特に保存の必要があると認める場合には、当該行政文書ファイル等を保有する行政機関の長に対し、当該行政文書ファイル等について、廃棄の措置をとらないように求めることができる。

第4章　歴史公文書等の保存、利用等
（行政機関以外の国の機関が保有する歴史公文書等の保存及び移管）
第14条　国の機関（行政機関を除く。以下この条において同じ。）は、内閣総理大臣と協議して定めるところにより、当該国の機関が保有する歴史公文書等の適切な保存

のために必要な措置を講ずるものとする。
　２　内閣総理大臣は、前項の協議による定めに基づき、歴史公文書等について、国立公文書館において保存する必要があると認める場合には、当該歴史公文書等を保有する国の機関との合意により、その移管を受けることができる。
　３　前項の場合において、必要があると認めるときは、内閣総理大臣は、あらかじめ、国立公文書館の意見を聴くことができる。
　４　内閣総理大臣は、第２項の規定により移管を受けた歴史公文書等を国立公文書館の設置する公文書館に移管するものとする。

（本人情報の取扱い）
第17条　国立公文書館等の長は、前条第１項第１号イ及び第２号イの規定にかかわらず、これらの規定に掲げる情報により識別される特定の個人（以下この条において「本人」という。）から、当該情報が記録されている特定歴史公文書等について利用請求があった場合において、政令で定めるところにより本人であることを示す書類の提示又は提出があったときは、本人の生命、健康、生活又は財産を害するおそれがある情報が記録されている場合を除き、当該特定歴史公文書等につきこれらの規定に掲げる情報が記録されている部分についても、利用させなければならない。

（利用の促進）
第23条　国立公文書館等の長は、特定歴史公文書等（第16条の規定により利用させることができるものに限る。）について、展示その他の方法により積極的に一般の利用に供するよう努めなければならない。

第５章　公文書管理委員会
（委員会の設置）
第28条　内閣府に、公文書管理委員会（以下「委員会」という。）を置く。
　２　委員会は、この法律の規定によりその権限に属させられた事項を処理する。
　３　委員会の委員は、公文書等の管理に関して優れた識見を有する者のうちから、内閣総理大臣が任命する。
　４　この法律に規定するもののほか、委員会の組織及び運営に関し必要な事項は、政令で定める。

第６章　雑則
（内閣総理大臣の勧告）
第31条　内閣総理大臣は、この法律を実施するため特に必要があると認める場合には、行政機関の長に対し、公文書等の管理について改善すべき旨の勧告をし、当該勧告の結果とられた措置について報告を求めることができる。

(地方公共団体の文書管理)
第34条　地方公共団体は、この法律の趣旨にのっとり、その保有する文書の適正な管理に関して必要な施策を策定し、及びこれを実施するよう努めなければならない。

公文書等の管理に関する法律案に対する附帯決議 (2009年6月23日参議院内閣委員会)

公文書等の管理に関する法律案に対する附帯決議政府は、公文書等が、国民共有の知的資源であり、その適切な管理、体系的な保存及び利用制度の整備が、国の基本的な責務・機能であるとともに、将来の発展への基盤であることを深く認識して、本法の施行に当たっては、次の諸点について適切な措置を講ずべきである。

1、 公文書管理の改革は究極の行政改革であるとの認識のもと、公文書管理の適正な運用を着実に実施していくこと。
2、 国民に対する説明責任を果たすため、行政の文書主義の徹底を図るという本法の趣旨にかんがみ、外交・安全保障分野も含む各般の政策形成過程の各段階における意思決定に関わる記録を作成し、その透明化を図ること。また、軽微性を理由とした文書の不作成が恣意的に行われないようにするとともに、文書の組織共用性の解釈を柔軟なものとし、作成後、時間を経過した文書が不必要に廃棄されないようにすること。
3、 行政機関の政策決定並びに事務及び事業の実績を合理的に跡付け、又は検証することができるようにするため、行政機関による委託事業に係る元データが確実に取得される仕組みを検討すること。
4、 行政文書の管理が適正に行われることを確保するため、作成から一定期間が経過した行政文書をその保存期間満了前に一括して保管等の管理を行う制度(いわゆる中間書庫の制度)の各行政機関への導入について検討を行うこと。
5、 保存期間の満了により廃棄される行政文書の量が膨大なものであることを踏まえ、廃棄に係る行政文書の内容の審査等に要する内閣総理大臣の補佐体制を強化すること。
6、 公文書の管理・利活用に関する情報を十分に公開し、その在り方について多角的な専門的知見及び幅広い国民の意見が取り入れられる機会を設けること。
7、 特定歴史公文書等の適切なデジタルアーカイブ化を推進し、一般の利用を促進すること。
8、 公文書の電子化の在り方を含め、セキュリティーのガイドラインの策定、フォーマットの標準化及び原本性確保等の技術的研究を推進し、電子公文書の長期保存のための十分な検討を行うこと。
9、 国立公文書館等へ移管された特定歴史公文書等に対する利用制限については、利用制限は原則として30年を超えないものとすべきとする「30年原則」等の国際的動向・慣行を踏まえ、必要最小限のものとすること。
10、 特定歴史公文書等の利用請求及びその取扱いにおける除外規定である本法第16条に規定する「行政機関の長が認めることにつき相当の理由」の有無の判断に関しては、恣意性を排し、客観性と透明性を担保する方策を検討すること。

11、宮内庁書陵部及び外務省外交史料館においても、公文書等について国立公文書館と共通のルールで適切な保存、利活用が行われるよう本法の趣旨を徹底すること。
12、本法に基づく政令等の制定・改廃に際しては、十分に情報を公開し、多角的な専門的知見及び幅広い国民の意見が取り入れられる機会を設けること。
13、公文書の適正な管理が、国民主権の観点から極めて重要であることにかんがみ、職員の公文書管理に関する意識改革及び能力向上のための研修並びに専門職員の育成を計画的に実施するとともに、専門職員の資格制度の確立について検討を行うこと。また、諸外国における公文書管理体制の在り方を踏まえ、必要な人員、施設及び予算を適正に確保すること。
14、既に民営化された行政機関や独立行政法人等が保有する歴史資料として重要な文書について、適切に国立公文書館等に移管されるよう積極的に対応すること。また、国民共有の知的資源を永く後世に伝えるため、特定歴史公文書等の保存・修復に万全を期することができる体制を整備すること。
15、本法の趣旨を踏まえて地方公共団体における公文書管理の在り方の見直しを支援し、また、国立公文書館と地方公文書館との連携強化を図ること。
16、一部の地方公共団体において公文書館と公立図書館との併設を行っていることを考慮しつつ、より多くの公文書館が設置されることを可能とする環境の整備について検討すること。
17、刑事訴訟に関する書類については、本法の規定の適用の在り方を引き続き検討すること。
18、附則第13条第1項に基づく検討については、行政文書の範囲をより広げる方向で行うとともに、各行政機関における公文書管理の状況を踏まえ、統一的な公文書管理がなされるよう、公文書管理法制における内閣総理大臣の権限及び公文書管理委員会の在り方についても十分検討すること。
19、公文書等の管理に関する施策を総合的かつ一体的に推進するための司令塔として公文書管理に係る政策の企画・立案及び実施を担当する部局及び機構の在り方について検討を行うこと。
20、行政機関のみならず三権の歴史公文書等の総合的かつ一体的な管理を推進するため、国立公文書館の組織の在り方について、独立行政法人組織であることの適否を含めて、検討を行うこと。
21、公文書管理と情報公開が車の両輪関係にあるものであることを踏まえ、両者が適正かつ円滑に実施されるよう万全を期すること。

右決議する。

行政機関の保有する情報の公開に関する法律(情報公開法)

第1章　総則

(目的)

第1条　この法律は、国民主権の理念にのっとり、行政文書の開示を請求する権利につき定めること等により、行政機関の保有する情報の一層の公開を図り、もって

政府の有するその諸活動を国民に説明する責務が全うされるようにするとともに、国民の的確な理解と批判の下にある公正で民主的な行政の推進に資することを目的とする。

第2章　行政文書の開示
（開示請求権）
第3条　何人も、この法律の定めるところにより、行政機関の長（前条第1項第4号及び第5号の政令で定める機関にあっては、その機関ごとに政令で定める者をいう。以下同じ。）に対し、当該行政機関の保有する行政文書の開示を請求することができる。

（行政文書の開示義務）
第5条　行政機関の長は、開示請求があったときは、開示請求に係る行政文書に次の各号に掲げる情報（以下「不開示情報」という。）のいずれかが記録されている場合を除き、開示請求者に対し、当該行政文書を開示しなければならない。
　一　個人に関する情報（事業を営む個人の当該事業に関する情報を除く。）であって、当該情報に含まれる氏名、生年月日その他の記述等（文書、図画若しくは電磁的記録に記載され、若しくは記録され、又は音声、動作その他の方法を用いて表された一切の事項をいう。次条第2項において同じ。）により特定の個人を識別することができるもの（他の情報と照合することにより、特定の個人を識別することができることとなるものを含む。）又は特定の個人を識別することはできないが、公にすることにより、なお個人の権利利益を害するおそれがあるもの。ただし、次に掲げる情報を除く。
　　イ　法令の規定により又は慣行として公にされ、又は公にすることが予定されている情報
　　ロ　人の生命、健康、生活又は財産を保護するため、公にすることが必要であると認められる情報
　　ハ　当該個人が公務員等（国家公務員法（昭和22年法律第120号）第2条第1項に規定する国家公務員（独立行政法人通則法（平成11年法律第103号）第2条第4項に規定する行政執行法人の役員及び職員を除く。）、独立行政法人等（独立行政法人等の保有する情報の公開に関する法律（平成13年法律第140号。以下「独立行政法人等情報公開法」という。）第2条第1項に規定する独立行政法人等をいう。以下同じ。）の役員及び職員、地方公務員法（昭和25年法律第261号）第2条に規定する地方公務員並びに地方独立行政法人（地方独立行政法人法（平成15年法律第118号）第2条第1項に規定する地方独立行政法人をいう。以下同じ。）の役員及び職員をいう。）である場合において、当該情報がその職務の遂行に係る情報であるときは、当該情報のうち、当該公務員等の職及び当該職務遂行の内容に係る部分
　一の二　行政機関の保有する個人情報の保護に関する法律（平成15年法律第58

号）第 2 条第 9 項に規定する行政機関非識別加工情報（同条第 10 項に規定する行政機関非識別加工情報ファイルを構成するものに限る。以下この号において「行政機関非識別加工情報」という。）若しくは行政機関非識別加工情報の作成に用いた同条第 5 項に規定する保有個人情報（他の情報と照合することができ、それにより特定の個人を識別することができることとなるもの（他の情報と容易に照合することができ、それにより特定の個人を識別することができることとなるものを除く。）を除く。）から削除した同条第 2 項第 1 号に規定する記述等若しくは同条第 3 項に規定する個人識別符号又は独立行政法人等の保有する個人情報の保護に関する法律（平成 15 年法律第 59 号）第 2 条第 9 項に規定する独立行政法人等非識別加工情報（同条第 10 項に規定する独立行政法人等非識別加工情報ファイルを構成するものに限る。以下この号において「独立行政法人等非識別加工情報」という。）若しくは独立行政法人等非識別加工情報の作成に用いた同条第五項に規定する保有個人情報（他の情報と照合することができ、それにより特定の個人を識別することができることとなるもの（他の情報と容易に照合することができ、それにより特定の個人を識別することができることとなるものを除く。）を除く。）から削除した同条第 2 項第 1 号に規定する記述等若しくは同条第 3 項に規定する個人識別符号

二　法人その他の団体（国、独立行政法人等、地方公共団体及び地方独立行政法人を除く。以下「法人等」という。）に関する情報又は事業を営む個人の当該事業に関する情報であって、次に掲げるもの。ただし、人の生命、健康、生活又は財産を保護するため、公にすることが必要であると認められる情報を除く。
　イ　公にすることにより、当該法人等又は当該個人の権利、競争上の地位その他正当な利益を害するおそれがあるもの
　ロ　行政機関の要請を受けて、公にしないとの条件で任意に提供されたものであって、法人等又は個人における通例として公にしないこととされているものその他の当該条件を付することが当該情報の性質、当時の状況等に照らして合理的であると認められるもの

三　公にすることにより、国の安全が害されるおそれ、他国若しくは国際機関との信頼関係が損なわれるおそれ又は他国若しくは国際機関との交渉上不利益を被るおそれがあると行政機関の長が認めることにつき相当の理由がある情報

四　公にすることにより、犯罪の予防、鎮圧又は捜査、公訴の維持、刑の執行その他の公共の安全と秩序の維持に支障を及ぼすおそれがあると行政機関の長が認めることにつき相当の理由がある情報

五　国の機関、独立行政法人等、地方公共団体及び地方独立行政法人の内部又は相互間における審議、検討又は協議に関する情報であって、公にすることにより、率直な意見の交換若しくは意思決定の中立性が不当に損なわれるおそれ、不当に国民の間に混乱を生じさせるおそれ又は特定の者に不当に利益を与え若しくは不利益を及ぼすおそれがあるもの

六　国の機関、独立行政法人等、地方公共団体又は地方独立行政法人が行う事務又は事業に関する情報であって、公にすることにより、次に掲げるおそれその他当該事務又は事業の性質上、当該事務又は事業の適正な遂行に支障を及ぼすおそれがあるもの
　　　イ　監査、検査、取締り、試験又は租税の賦課若しくは徴収に係る事務に関し、正確な事実の把握を困難にするおそれ又は違法若しくは不当な行為を容易にし、若しくはその発見を困難にするおそれ
　　　ロ　契約、交渉又は争訟に係る事務に関し、国、独立行政法人等、地方公共団体又は地方独立行政法人の財産上の利益又は当事者としての地位を不当に害するおそれ
　　　ハ　調査研究に係る事務に関し、その公正かつ能率的な遂行を不当に阻害するおそれ
　　　ニ　人事管理に係る事務に関し、公正かつ円滑な人事の確保に支障を及ぼすおそれ
　　　ホ　独立行政法人等、地方公共団体が経営する企業又は地方独立行政法人に係る事業に関し、その企業経営上の正当な利益を害するおそれ

第4章　補則
（地方公共団体の情報公開）
第25条　地方公共団体は、この法律の趣旨にのっとり、その保有する情報の公開に関し必要な施策を策定し、及びこれを実施するよう努めなければならない。

刑法

（公文書偽造等）
第155条　行使の目的で、公務所若しくは公務員の印章若しくは署名を使用して公務所若しくは公務員の作成すべき文書若しくは図画を偽造し、又は偽造した公務所若しくは公務員の印章若しくは署名を使用して公務所若しくは公務員の作成すべき文書若しくは図画を偽造した者は、1年以上10年以下の懲役に処する。
　2　公務所又は公務員が押印し又は署名した文書又は図画を変造した者も、前項と同様とする。
　3　前2項に規定するもののほか、公務所若しくは公務員の作成すべき文書若しくは図画を偽造し、又は公務所若しくは公務員が作成した文書若しくは図画を変造した者は、3年以下の懲役又は20万円以下の罰金に処する。
（虚偽公文書作成等）
第156条　公務員が、その職務に関し、行使の目的で、虚偽の文書若しくは図画を作成し、又は文書若しくは図画を変造したときは、印章又は署名の有無により区別して、前2条の例による。
（公正証書原本不実記載等）
第157条　公務員に対し虚偽の申立てをして、登記簿、戸籍簿その他の権利若しくは義務

に関する公正証書の原本に不実の記載をさせ、又は権利若しくは義務に関する公正証書の原本として用いられる電磁的記録に不実の記録をさせた者は、5年以下の懲役又は50万円以下の罰金に処する。
2　公務員に対し虚偽の申立てをして、免状、鑑札又は旅券に不実の記載をさせた者は、1年以下の懲役又は20万円以下の罰金に処する。
3　前2項の罪の未遂は、罰する。

（偽造公文書行使等）
第158条　第154条から前条までの文書若しくは図画を行使し、又は前条第1項の電磁的記録を公正証書の原本としての用に供した者は、その文書若しくは図画を偽造し、若しくは変造し、虚偽の文書若しくは図画を作成し、又は不実の記載若しくは記録をさせた者と同一の刑に処する。
2　前項の罪の未遂は、罰する。

統計法

第1章　総則
（目的）
第1条　この法律は、公的統計が国民にとって合理的な意思決定を行うための基盤となる重要な情報であることにかんがみ、公的統計の作成及び提供に関し基本となる事項を定めることにより、公的統計の体系的かつ効率的な整備及びその有用性の確保を図り、もって国民経済の健全な発展及び国民生活の向上に寄与することを目的とする。

（定義）
第2条　この法律において「行政機関」とは、法律の規定に基づき内閣に置かれる機関若しくは内閣の所轄の下に置かれる機関、宮内庁、内閣府設置法（平成11年法律第89号）第49条第1項若しくは第2項に規定する機関又は国家行政組織法（昭和23年法律第120号）第3条第2項に規定する機関をいう。
4　この法律において「基幹統計」とは、次の各号のいずれかに該当する統計をいう。
一　第5条第1項に規定する国勢統計
二　第6条第1項に規定する国民経済計算
三　行政機関が作成し、又は作成すべき統計であって、次のいずれかに該当するものとして総務大臣が指定するもの
　イ　全国的な政策を企画立案し、又はこれを実施する上において特に重要な統計
　ロ　民間における意思決定又は研究活動のために広く利用されると見込まれる統計
　ハ　国際条約又は国際機関が作成する計画において作成が求められている統計その他国際比較を行う上において特に重要な統計

（基本理念）
第3条　公的統計は、行政機関等における相互の協力及び適切な役割分担の下に、体系

的に整備されなければならない。
2 公的統計は、適切かつ合理的な方法により、かつ、中立性及び信頼性が確保されるように作成されなければならない。
3 公的統計は、広く国民が容易に入手し、効果的に利用できるものとして提供されなければならない。
4 公的統計の作成に用いられた個人又は法人その他の団体に関する秘密は、保護されなければならない。

第2章 公的統計の作成
第1節 基幹統計
(国勢統計)
第5条 総務大臣は、本邦に居住している者として政令で定める者について、人及び世帯に関する全数調査を行い、これに基づく統計(以下この条において「国勢統計」という。)を作成しなければならない。
2 総務大臣は、前項に規定する全数調査(以下「国勢調査」という。)を10年ごとに行い、国勢統計を作成しなければならない。ただし、当該国勢調査を行った年から5年目に当たる年には簡易な方法による国勢調査を行い、国勢統計を作成するものとする。
3 総務大臣は、前項に定めるもののほか、必要があると認めるときは、臨時の国勢調査を行い、国勢統計を作成することができる。

(国民経済計算)
第6条 内閣総理大臣は、国際連合の定める国民経済計算の体系に関する基準に準拠し、国民経済計算の作成基準(以下この条において単に「作成基準」という。)を定め、これに基づき、毎年少なくとも1回、国民経済計算を作成しなければならない。
2 内閣総理大臣は、作成基準を定めようとするときは、あらかじめ、統計委員会の意見を聴かなければならない。これを変更しようとするときも、同様とする。
3 内閣総理大臣は、作成基準を定めたときは、これを公示しなければならない。これを変更したときも、同様とする。

(基幹統計の指定)
第7条 総務大臣は、第2条第4項第3号の規定による指定(以下この条において単に「指定」という。)をしようとするときは、あらかじめ、当該行政機関の長に協議するとともに、統計委員会の意見を聴かなければならない。
2 総務大臣は、指定をしたときは、その旨を公示しなければならない。
3 前2項の規定は、指定の変更又は解除について準用する。

(基幹統計の公表等)
第8条 行政機関の長は、基幹統計を作成したときは、速やかに、当該基幹統計及び基幹統計に関し政令で定める事項を、インターネットの利用その他の適切な方法により公表しなければならない。
2 行政機関の長は、前項の規定による公表をしようとするときは、あらかじめ、

当該基幹統計の公表期日及び公表方法を定め、インターネットの利用その他の適切な方法により公表するものとする。
3 行政機関の長は、国民が基幹統計に関する情報を常に容易に入手することができるよう、当該情報の長期的かつ体系的な保存その他の適切な措置を講ずるものとする。

第2節　統計調査
第1款　基幹統計調査
（基幹統計調査の承認）
第9条　行政機関の長は、基幹統計調査を行おうとするときは、あらかじめ、総務大臣の承認を受けなければならない。
　2　前項の承認を受けようとする行政機関の長は、次に掲げる事項を記載した申請書を総務大臣に提出しなければならない。
　一　調査の名称及び目的
　二　調査対象の範囲
　三　報告を求める事項及びその基準となる期日又は期間
　四　報告を求める者
　五　報告を求めるために用いる方法
　六　報告を求める期間
　七　集計事項
　八　調査結果の公表の方法及び期日
　九　使用する統計基準その他総務省令で定める事項
　3　前項の申請書には、調査票その他総務省令で定める書類を添付しなければならない。
　4　総務大臣は、第1項の承認の申請があったときは、統計委員会の意見を聴かなければならない。ただし、統計委員会が軽微な事項と認めるものについては、この限りでない。

（承認の基準）
第10条　総務大臣は、前条第1項の承認の申請に係る基幹統計調査が次に掲げる要件のすべてに適合していると認めるときは、同項の承認をしなければならない。
　一　前条第2項第2号から第6号までに掲げる事項が当該基幹統計の作成の目的に照らして必要かつ十分なものであること。
　二　統計技術的に合理的かつ妥当なものであること。
　三　他の基幹統計調査との間の重複が合理的と認められる範囲を超えていないものであること。

（基幹統計調査の変更又は中止）
第11条　行政機関の長は、第9条第1項の承認を受けた基幹統計調査を変更し、又は中止しようとするときは、あらかじめ、総務大臣の承認を受けなければならない。
　2　第9条第4項の規定は前項に規定する基幹統計調査の変更及び中止の承認に

ついて、前条の規定は同項に規定する基幹統計調査の変更の承認について準用する。

（措置要求）
第12条　総務大臣は、第9条第1項の承認に基づいて行われている基幹統計調査が第10条各号に掲げる要件のいずれかに適合しなくなったと認めるときは、当該行政機関の長に対し、当該基幹統計調査の変更又は中止を求めることができる。
2　総務大臣は、前項の規定による変更又は中止の求めをしようとするときは、あらかじめ、統計委員会の意見を聴かなければならない。

（報告義務）
第13条　行政機関の長は、第9条第1項の承認に基づいて基幹統計調査を行う場合には、基幹統計の作成のために必要な事項について、個人又は法人その他の団体に対し報告を求めることができる。
2　前項の規定により報告を求められた者は、これを拒み、又は虚偽の報告をしてはならない。
3　第1項の規定により報告を求められた者が、未成年者（営業に関し成年者と同一の行為能力を有する者を除く。）又は成年被後見人である場合においては、その法定代理人が本人に代わって報告する義務を負う。

第7章　罰則
第60条　次の各号のいずれかに該当する者は、6月以下の懲役又は50万円以下の罰金に処する。
　一　第13条に規定する基幹統計調査の報告を求められた者の報告を妨げた者
　二　基幹統計の作成に従事する者で基幹統計をして真実に反するものたらしめる行為をした者

おわりに

　近年の日本社会では、公文書の改竄や隠蔽をめぐる事件が〈再び〉噴出しています。この「おわりに」を書いている最中も、国会では厚生労働省による毎月勤労統計のデータ不正処理問題が追及されているありさまです。現段階ではまだ発覚していないだけで、ほかにも同様の事件が隠れているかもしれません。これまでの状況を考えると、そうであったとしてもおかしくありません。公文書の適切な作成・保存は、民主的な社会の運用に必要不可欠なものです。そうであるにもかかわらず、関連事件がエンドレスで次々と露呈される日本社会。なんてことでしょうか。

　本書で言及したように、公権力の改竄・隠蔽体質が民主的な社会の構築を阻害する元凶であり続けてきた点に鑑みると、私たちが日本国憲法の下でなにげなく〈信じてきた〉日本社会の民主主義や人権が、実のところ単なる見せかけの幻想にすぎなかったということを感じずにはいられません。

　本書は、こうした由々しき事態を主には憲法や公文書管理法、情報公開法などの関連法の観点から多角的に考察する必要があるという問題意識に加え、公文書の改竄や隠蔽が私たちのリアルな日常生活に大きな負の影響を及ぼすことをできるだけ多くの方々に伝えたい、という願いから生まれました。この数年、政治・歴史学の観点から公文書管理問題を描いた書籍は何冊も出版されています。これらの書籍は大変参考になるものです。本書の編者はこれらとともに、現在の日本社会の状況を変えるためには、法学的観点から考える入門書の出版も求められると考えました。

　読まれた感想として、憲法の視点が強いという印象をもたれた方もおられるかもしれませんので、ここでその点を少し補います。編者の基本的スタンスは、公文書の管理や保存は究極の公文書である憲法とその原理に従

うものでなければならない、という考え方に基づいています（1-2）。公権力が情報を独占するような独裁国家が生まれないようにするためには、知る権利に基づく情報へのアクセスなどが法的にきちんと保障される必要があります（1-1、3-7）。公文書の保存や管理に関わる憲法上の原理は、国民主権や基本的人権の尊重だけではありません。たとえば、本書で取り上げた会計検査院と公文書管理の関係（2-9）や安保法制と公文書管理の関係（3-6）などからもいえるように、平和主義に基づく社会の構築にも多大な関係があります。そうであるからこそ、本書には憲法の観点が随所に含まれているのです。

　ときに公文書管理問題は、私たちの日常生活からかけ離れた問題、何ら関係がない問題と捉えられてしまうことがあります。しかし、読者のみなさまには、本書で紹介した多くの事例や考察のポイントを通して、それが私たちの生活のさまざまな局面に密接な関わりをもつ問題であることが見えてきたのではないでしょうか。私たちの暮らしを左右する公文書が適切に作成・保存・管理されなければ、「未来の人びとへの贈り物」（2-10）をつくることはできません。公文書管理問題を私たちが住んでいる社会だけでなく、次世代以降の人びとが住む社会の形成に直接的につながる問題として意識することが重要です。また、そのうえで、本書から知り得たこと等を参考にしていただきながら、心から民主的な社会に住んでいると感じることができるような社会を築くために、私たち一人ひとりは何をすべきなのか、ということをともに考えていただけると幸いです。私たちの社会のこれからは、私たちの意識や動き方にかかっています。

2019年2月28日

編者を代表して　清末愛砂

執筆者紹介 (50音順)

* は編者、****** は編集代表

飯島滋明（いいじま・しげあき）*
名古屋学院大学経済学部教授。1969年生まれ。専門は、憲法学、平和学。主な著書に、『国会審議から防衛論を読み解く』(共編著、三省堂、2003年)、『自衛隊の存在をどう受け止めるか』(共編著、現代人文社、2018年)、『沖縄・辺野古から見る日本のすがた』(共著、八月書館、2019年) など。

池田賢太（いけだ・けんた）*
弁護士（札幌弁護士会）。1984年生まれ。南スーダンPKO派遣差止訴訟弁護団事務局長。主な著書に、『北海道で生きるということ』(共著、法律文化社、2016年)、『緊急事態条項で暮らし・社会はどうなるか』(共著、現代人文社、2017年)、『自民党改憲案にどう向き合うか』(共編著、現代人文社、2018年) など。

石川裕一郎（いしかわ・ゆういちろう）
聖学院大学政治経済学部教授。1967年生まれ。専門は、憲法学、フランス法学。近著に、『それって本当？―メディアで見聞きする改憲の論理Q&A』(共編著、かもがわ出版、2016年)、『緊急事態条項で暮らし・社会はどうなるか』(共編著、現代人文社、2017年)、『国会を、取り戻そう！』(共編著、現代人文社、2018年) など。

岩本一郎（いわもと・いちろう）
北星学園大学経済学部教授。1965年生まれ。専門は憲法学。主な著書に、『はじめての憲法学〔第3版〕』(共著、三省堂、2015年)、『絵で見てわかる人権〔新版〕』(八千代出版、2017年)、『世界の人権保障』(共著、三省堂、2017年) など。

榎澤幸広（えのさわ・ゆきひろ）**
名古屋学院大学現代社会学部准教授。1973年生まれ。専門は、憲法学、マイノリティと法、島嶼と法。主な著書に、『憲法未来予想図』(共編著、現代人文社、2014年)、『緊急事態条項で暮らし・社会はどうなるか』(共編著、現代人文社、2017年)、『離島と法』(法律文化社、2018年) など。

奥田喜道（おくだ・よしみち）*
青山学院大学非常勤講師。1972年生まれ。専門は、憲法学、比較憲法（スイス憲法研究）。主な著書に、『憲法未来予想図』(共編著、現代人文社、2014年)、『ネット社会と忘れられる権利―個人データ削除の裁判例とその法理』(編著、現代人文社、2015年) など。

清末愛砂(きよすえ・あいさ)★★
室蘭工業大学大学院工学研究科准教授。1972年生まれ。専門は、憲法学、家族法。主な著書に、『自衛隊の存在をどう受けとめるか』(共編著、現代人文社、2018年)、『国会を、取り戻そう！』(共編著、現代人文社、2018年)、『自民党改憲案にどう向き合うか』(共編著、現代人文社、2018年) など。

清水雅彦(しみず・まさひこ)
日本体育大学スポーツマネジメント学部教授。1966年生まれ。専門は憲法学。主な著書に、『治安政策としての「安全・安心まちづくり」』(社会評論社、2007年)、『憲法を変えて「戦争のボタン」を押しますか？』(高文研、2013年)、『秘密保護法から「戦争する国」へ』(共編著、旬報社、2014年) など。

高橋博子(たかはし・ひろこ)
名古屋大学大学院法学研究科研究員。明治学院大学国際平和研究所研究員。1969年生まれ。専門はアメリカ史。博士号(同志社大学・文化史学)。日本平和学会理事。主な著書に、『新訂増補版 封印されたヒロシマ・ナガサキ―米核実験と民間防衛計画』(凱風社、2012年)、『核の戦後史』(共著、創元社、2016年) など。

永山茂樹(ながやま・しげき)★
東海大学法学部教授。1960年生まれ。専門は憲法学。主な著作に、『判例ナビゲーション憲法』(共著、日本評論社、2014年)、「憲法からみた公文書管理」反戦情報408号 (2018年)、『国会を、取り戻そう！』(共著、現代人文社、2018年) など。

前田 朗(まえだ・あきら)
東京造形大学教授。1955年生まれ。専門は刑事人権論と戦争犯罪論。主な著書に、『軍隊のない国家』(日本評論社、2008年)、『パロディのパロディ―井上ひさし再入門』(耕文社、2016年)、『旅する平和学』(彩流社、2017年)、『ヘイト・スピーチ法研究序説』(三一書房、2015年)、『ヘイト・スピーチ法研究原論』(三一書房、2019年) など。

松本ますみ(まつもと・ますみ)
室蘭工業大学工学研究科教授。1957年生まれ。専門は、中国近現代史、国民統合論、中国イスラーム、マイノリティ論。主な著書に、『中国民族政策の研究』(多賀出版、1999年)、『イスラームへの回帰―中国のムスリマたち』(山川出版社、2010年)、Islamic Thought in China (共著、Edinburgh University Press, 2016)、『北海道で生きるということ』(共編著、法律文化社、2016年) など多数。

公文書は誰のものか？
公文書管理について考えるための入門書

2019年4月30日　第1版第1刷発行

編集代表	榎澤幸広・清末愛砂
編　者	飯島滋明・池田賢太・奥田喜道・永山茂樹
発行人	成澤壽信
編集人	西村吉世江
発行所	株式会社 現代人文社 東京都新宿区四谷2-10 八ッ橋ビル7階（〒160-0004） Tel.03-5379-0307（代）　Fax.03-5379-5388 henshu@genjin.jp（編集部）　hanbai@genjin.jp（販売部） http://www.genjin.jp/
発売所	株式会社 大学図書
印刷所	株式会社 平河工業社
装　幀	Malpu Design（陳湘婷）
本文デザイン	Malpu Design（佐野佳子）

ISBN978-4-87798-724-4 C0036

本書の一部あるいは全部を無断で複写・転載・転訳載などをすること、または磁気媒体等に入力することは、法律で認められた場合を除き、著作者および出版者の権利の侵害となりますので、これらの行為を行う場合には、あらかじめ小社または編者宛てに承諾を求めてください。